Das Goldene Tor
E-Mail: hallo@das-goldene-tor.de
Web: www.das-goldene-tor.de

Deutsche Erstausgabe Juli 2015
Satz, Umschlaggestaltung: Stefan Sicurella
Lektorat: Sonja Hartmann, Heike Sicurella
ISBN Buch: 978-3-940930-03-3
ISBN eBook: 978-3-940930-02-6

Stefan Sicurella

HEILUNG

mit der Energie der göttlichen

Liebe

Die allumfassende Heilmethode

Ich widme dieses Buch allen Menschen,
die nach der wahren Freiheit suchen!

Inhalt

Über den Autor

Nach einem normalen Lebensweg mit Schule, Ausbildung und Beruf kamen viele berufliche Stationen, in denen ich mich meist nie so richtig wohlfühlte. Erst meine Tätigkeit im Vertrieb mit viel Kontakten zu Menschen konnte mich für einige Jahre zufriedenstellen. Die Beratung von Menschen hat mir lange Jahre großen Spaß und innere Befriedigung gebracht. Vor ein paar Jahren habe ich mich dann aus einem inneren Drang heraus als Programmierer selbstständig gemacht. Der Kontakt zu den Menschen blieb durch den Vertrieb meiner Produkte erhalten. Irgendwann begann aber eine Zeit der Unzufriedenheit und Existenzangst, und ich kam in eine Lebenskrise. In dieser Zeit besuchte meine Frau Heike einen Heiler-Kurs, und danach wollte sie mir natürlich etwas Gutes tun. Skeptisch, wie ich war, ließ ich es dennoch zu - schlimmer konnte es ja nicht mehr kommen.

Heute kann ich diesen Tag als ersten Wendepunkt in meinem Leben bezeichnen. Die Kraft, die mich während dieser Energie-Behandlung durchfloss, war eindeutig zu spüren und einfach nicht zu leugnen. Danach ließ ich mich auch auf eine homöopathische Behandlung ein, und von da an ging es mir immer besser, erkannte ich doch dadurch meine eigene Situation deutlicher und spürte den Drang, mehr Wissen zu erlangen. Das Lesen von unzähligen Büchern befriedigte diesen Drang fürs Erste.

Der zweite Wendepunkt war die Geburt unseres dritten Kindes. Der Augenblick der Geburt und der minutenlange bewusste Blick unseres Sohnes in meine Augen erfüllte mein Herz mit sehr viel Liebe, und mir war schlagartig klar: Da gibt es noch mehr.
Danach machte ich auch eine Heiler-Ausbildung und besuchte ein Medium, das mich mit den Weisheiten des Universums und mit meinen geistigen Helfern vertraut machte. Viele weitere Studien führten schließlich zu dem ersten Buch *100 Fragen an das Universum*, an dem ich beteiligt war.

Rasch war der eigene Verlag gegründet, und die ersten Bücher erschienen. Dazu kamen dann Verlags- und Seminarräume, und meine Seelenschwester und ich gaben Heilbehandlungen und hielten Seminare.
Die Jahre vergingen, doch ich kam nie richtig aus meinem finanziellen Loch heraus, auch das eigene Wohlbefinden war eine Berg- und Talfahrt. Mittlerweile hatte ich mit meiner Frau Heike fünf gemeinsame Kinder. Nach 7 Jahren schließlich kam es zu einem erneuten großen Wandel. Meine finanzielle und gesundheitliche Situation wurde deutlich schlechter, und ich durfte mit Hilfe vieler lieber Menschen erkennen, dass ich jahrelang ein Theaterstück gespielt hatte, das ich nicht selbst erkannte oder erkennen wollte.
Letztendlich hatte ich mich jahrelang selbst belogen, um die Verantwortung für mich und mein Handeln

nicht übernehmen zu müssen.
Diese Erkenntnisse trafen mich erst mal hart, aber nachdem alles auf dem Tisch lag, ging es mir schnell besser. Alle gesundheitlichen und energetischen Probleme lösten sich rasch auf, und auch meine finanzielle Lage wurde immer besser. Nachdem ich mich selbst erkannt hatte, und zwar gänzlich ohne Masken, begann mein Leben, sich in Höchstgeschwindigkeit zu verbessern.

Jetzt profitiere ich von den vielen Erfahrungen aus diesen Jahren und konnte viele Erkenntnisse für mich daraus ziehen, mit denen ich schließlich auch vielen Menschen weiterhelfen konnte. In der Einführung erzähle ich noch etwas mehr darüber. Während der ganzen Jahre des Auf und Ab stand meine Frau Heike immer zu mir, egal, was ich anstellte. Dafür danke ich ihr sehr. Wir führen eine liebevolle Beziehung und meistern gemeinsam den Alltag mit drei minderjährigen Jungs und zwei erwachsenen Töchtern.

In meinem Verlag sind bis jetzt vier Bücher von mir selbst und viele weitere Bücher anderer Autoren und Autorinnen erschienen.

Ich habe den Verlag 2015 in ***Das Goldene Tor*** umbenannt, weil dies in der neuen Situation stimmiger für mich ist, zuvor hieß er *Neo Atlantis*.

Ich bin gespannt, wie es weitergeht ...

Einführung

In diesem Buch zeige ich alle, mir bis dato bekannten, Ursachen für Beschwerden und Symptome auf, von denen ich der Meinung bin, dass man sie selbst, mit einem Buch bearbeiten kann. Alles, was ich hier beschreibe, habe ich selbst durchlebt oder bei meinen Klienten entdeckt und mit ihnen bearbeitet. Dieses Buch beinhaltet die Erfahrungen der letzten 10 Jahre meines Lebens und meines Heilwerdungsprozesses.

Alles was ich hier beschreibe und erkläre, habe ich also erlebt, gefühlt oder gesehen, dieses Buch beinhaltet keine „erhirnten“ Theorien.

Wie ich in meinem Portrait bereits beschrieb, begann mein Weg Richtung Licht und damit Richtung Heilwerdung damit, dass meine Frau sich für spirituelle Dinge zu interessieren begann. Die Energie-Anwendungen meiner Frau waren ein Anstoß für mich, die Erlebnisse bei der Geburt meines Sohnes David waren so eine Art Zündungsimpuls. Es war einfach nicht zu leugnen, da geschah etwas, und da ich mir das nicht erklären konnte, musste ich einfach der Sache auf den Grund gehen, so bin ich eben. Also machte ich eine Reiki-Ausbildung, was anderes kannte ich ja damals noch nicht. Zeitgleich verschlang ich etliche Bücher über Geistführer, Channeling, Botschaften der Engel und viele weitere mehr. Das war total spannend, und wie es der „Zufall“ wollte, traf ich eine Frau, die bei einem Medium war, das sie mit ihren geistigen Helfern vertraut machte. Natürlich habe ich sofort einen Termin bei diesem Medium vereinbart, und als ich dann dort saß und mein Geistführer durch dieses wunderbare Volltrancemedium zu mir sprach, war es mir, als ob das alles ganz normal sei und ich das schon hundert Mal erlebt hatte. Alles, was mir damals gesagt wurde, war total stimmig, und ich erkannte mich voll und ganz wieder. Es ging um meine größten Blockaden und Themen, die ich in diesem Leben auflösen wollte. Es war eine ganz tolle Erfahrung, die mich ein sehr großes Stück weitergebracht hatte.

Danach las ich noch mehr Bücher und machte meinen 2. Reiki-Grad. Die Reiki-Lehrerin lehrte schon damals, dass wir uns mit dem Herzen mit der höchsten Göttlichen Quelle verbinden sollten und nicht mit einer imaginären Reiki-Energie. Dafür bin ich ihr heute dankbar, denn es war der Beginn meiner Heiler-Ausbildung. Nachdem ich mich mehrmals von dieser Reiki-Lehrerin behandeln ließ, stellte sich heraus, dass wir Seelengeschwister sind. Das zeigte sich daran, dass, wenn sie mich behandelte, die Energien und die Schwingung rasant anstiegen. Wir begannen damit zu experimentieren und behandelten uns dann gegenseitig. Das war der Beginn dieser Heilmethode.

Mit Reiki hatte das jetzt nichts mehr zu tun. Nach und nach wurden uns von den Engeln und anderen lichten Wesenheiten immer mehr Ursachen aufgezeigt, die in Wahrheit zu den bei uns und unseren Klienten vorlie-

genden Symptomen und Krankheiten führten. Mit der Zeit und den Jahren bildete sich ein fester Kreis an Helfern, die bei jeder Behandlung anwesend waren.
Mit jeder Behandlung, die wir durchführten, lernten wir neue Dinge, und unsere Behandlungen wurde immer vielschichtiger und umfangreicher. Dabei lösten wir natürlich auch sehr viele unserer eigenen Blockaden und Inkarnationen auf und unser eigener Heilwerdungsprozess ging ebenfalls rasch voran.
Die Methode, mit der wir alles auflösten bzw. erlösten, war dabei im Prinzip immer die gleiche. Wir sendeten Licht und Liebe in die betreffenden Ursachen bzw. Inkarnationen, so lange, bis sie sich zu Licht wandelten.
Wir nannten unsere Heilmethode „Heilung mit der Energie der göttlichen Liebe".
Mehrere Jahre lang halfen wir damit gemeinsam vielen Menschen auf ihrem Lebensweg und ihrem Heilwerdungsprozess.

Irgendwann jedoch begann bei mir eine Zeit, in der ich immer mehr Anhaftungen hatte. Nach einem Einkauf oder nach dem Kontakt mit Menschen, klebten an mir deren Elementale, deren Schatten und deren misqualifizierte Energien. Das wurde immer schlimmer und schlimmer, und ich zog mich, soweit das ging, aus allem heraus, was mit dem Kontakt mit Menschen zu tun hatte. Meine Seelenschwester half mir unentwegt, diese Energien und Wesen loszuwerden. Trotzdem fanden wir keine Lösung und erkannten die Ursachen nicht, die dazu führten. Das war eine sehr schwierige Zeit für mich, meine Seelenschwester und für meine Familie.

Ich begann, mich an andere Heiler zu wenden, um der Ursache auf den Grund zu gehen, denn wenn man immer nur aus einem Blickwinkel auf ein Problem schaut, sieht man manchmal den Wald vor lauter Bäumen nicht mehr.

Schon Monate zuvor hatte ich Evelyn Maria Augustin (www.raumgold.com) auf der Frankfurter Buchmesse kennengelernt. Sie sprach die universelle göttliche Sprache, und ich war damals sehr beeindruckt von ihren spirituellen Fähigkeiten. Also wendete ich mich an sie, der Technik sei Dank über Skype, denn sie wohnte zu dieser Zeit auf Mallorca.
Aus heutiger Sicht kann ich sagen, dass dies ein weiterer Wendepunkt in meinem Leben war, denn Evelyn schaute genau aus dem Winkel, aus dem ich „betriebsblind" war. Ich will hier nicht ins Detail gehen, jedoch brachte mich die intensive Zusammenarbeit mit ihr auf ganz neue Erkenntnisse, sowohl über das Universum, als auch über mich selbst. Ich begann, mein eigenes karmisches Spiel nach und nach zu durchschauen. Viele Elemente in diesem Buch resultieren aus der Arbeit mit ihr. Ich bin dir sehr dankbar, liebe Evelyn.

Eine weitere Heilerin, die mir noch ein paar eigene Selbsttäuschungen „um die Ohren schlug" war Petra. Bereits der erste Termin war ein Schock, denn sie sagte mir in unverblümter, sehr direkter Sprache, wo ich mich selbst belog, und was für ein Spiel ich spielte. Der zweite Termin war nicht minder heftig, jedoch war es genau das, was ich zu diesem Zeitpunkt brauchte, jemand, der mich mal gut durchschüttelte! Ich bin dir sehr dankbar, liebe Petra.

Danach brach mein Leben kurzfristig zusammen. Ich erkannte mein eigenes karmisches Spiel vollends. Ich erkannte, dass ich mir selbst alle Probleme verursacht hatte. Ich hatte jahrelang nicht hinsehen wollen und meinen eigenen Kram unter den Teppich gekehrt, jetzt war der Teppich weg und ich musste den Dreck darunter ansehen und aufräumen. Nach dem ersten Schock ging es ans Werk.

Eine meiner großen, positiven Fähigkeiten ist es, Dinge umzusetzen, und nun, da ich erkannte, was die ganze Zeit schiefgelaufen war, konnte ich ins Tun kommen. Ich zerschlug meine eigenen Lebenslügen und Konstrukte, mein eigenes karmisches Spiel. Es tat weh, und es war für mich und die beteiligten Personen schmerzhaft, aber es musste sein. Ich musste in die göttliche Wahrheit zurückkehren. Danach begannen sich alle Anhaftungen von mir zu lösen, alle Schattenanteile anderer Menschen und deren Energien lösten sich ebenfalls, und ich konnte einfach nur dadurch, dass ich wahrhaftig zu mir und meinen Lieben wurde, innerhalb von wenigen Wochen eine Klärung erreichen, die ich bis dato nie erlebt hatte. Ich kann mich wieder in Menschenmengen aufhalten, ohne

dass irgendetwas an mir anhaftet, denn ich habe keine Resonanzen mehr, die dazu führen.
Seit dieser Zeit arbeite ich alleine, biete diese Heilmethode und verschiedene Seminare an. Auch meine Seelenschwester arbeitet nun alleine in ihrer Praxis und behandelt mit vielen Elementen aus diesem Buch, große Teile haben wir ja gemeinsam entwickelt. Liebe Seelenschwester, ich bin dir sehr dankbar für alles!

An dieser Stelle möchte ich noch Horst Leuwer erwähnen. (http://www.rueckfuehrungstherapie-leuwer.de) Er ist Autor und Rückführungstherapeut und hat eine Praxis in der Eifel. Auch bei ihm hatte ich einige Sitzungen, bei denen ich viel erlösen bzw. integrieren durfte. Ich bin dir sehr dankbar, lieber Horst.

Auch der lieben Aurelia muss ich an dieser Stelle ein großes DANKE sagen, denn sie hatte immer den passenden Rat und ein großes Herz für mich.

Natürlich danke ich auch meiner Frau Heike, sie hat es immer mit mir ausgehalten, alle Hochs und Tiefs mit mir durchgestanden und heute weiß ich auch ihren Rat zu schätzen. Danke Heike!

Ich danke auch meiner Mutter für alles, was sie für mich getan hat. Danke Mama!

Mein weiterer Dank gilt allen Menschen, die ich in meinem Leben getroffen habe, denn ich weiß, alle haben mich ein Stück weitergebracht.

Es ist mir wichtig, dass du lieber Leser, liebe Leserin einen Bezug zu mir aufbauen kannst, damit du mir vertrauen kannst. In diesem Buch stehen Wahrheiten, die du vielleicht als „unglaublich“ oder „unmöglich“ abtun würdest, wenn du kein Vertrauen zu mir hättest. Dieses Buch zeigt dir sehr viele Themen auf und bietet zu jedem Thema zumindest eine Auflösungsarbeit an. Es sollte dir aber klar sein, dass du Themen, die du noch nicht verstanden hast, die dir also nicht bewusst sind, nicht auflösen kannst. Wenn du also beispielsweise im rechten Arm Schmerzen hast, dir aber nicht bewusst ist, woher diese kommen, es aber wichtig für deinen Entwicklungsweg ist, dann wirst du das mit diesem Buch nicht auflösen können. Dann braucht es die Hilfe eines Heilers, einer Heilerin oder eines hellsichtigen Menschen.

Allerdings, und das ist die gute Nachricht, kannst du mit Hilfe dieses Buches einen Großteil deiner Altlasten entsorgen und einen Großteil deiner selbstgemachten Probleme erlösen und auflösen. Wenn du dieses Buch komplett durchgearbeitet hast, wirst du ein neuer Mensch sein!

Was man bei dieser Arbeit unbedingt verstehen muss, ist die Art und Weise, wie diese Blockaden aufgebaut sind. Es ist wie bei einer Zwiebel, löst man die äußere Schale ab, kommen viele weitere Schalen zum Vorschein, und es dauert eine Weile, bis man alle Schalen gelöst hat. Genauso ist es auch bei Menschen. Auf jeder Schicht warten wieder neue Themen und Blockaden, die aufgelöst werden wollen. Zum Glück ist das so aufgebaut, denn alle Themen auf einmal könnten wir nie verkraften.

Auch hier hat die göttliche Weisheit also einen Mechanismus gefunden, wie wir Stück für Stück an unser Ziel gelangen können.

Das große Ziel: Darunter verstehe ich persönlich, die absolute Freiheit im innen und außen, die absolute Heilwerdung auf allen Ebenen, das Finden der wahren göttlichen Liebe zu sich selbst und nicht zuletzt in einen Zustand der heiteren Gelassenheit zu gelangen, der durch nichts zu erschüttern ist.
Ich wünsche allen Lesern und Leserinnen nun viel Erfolg auf ihrem Lebensweg!

Hinweis

Alle Übungen, die in diesem Buch aufgezeigt werden, dürfen frei benutzt werden.

Ich erlaube hier ausdrücklich anderen Heilern und Heilerinnen, beliebige Elemente und Übungen aus diesem Buch für die eigene Arbeit zu verwenden.

Ursache und Wirkung, Resonanz

Ich glaube nicht, dass man ganz heil und frei werden kann, wenn man diese kosmischen Wirkprinzipien nicht verstanden hat. Sicher haben viele schon davon gehört, ich will sie hier in aller Kürze auf den Punkt bringen, damit auch das Verständnis für die folgenden Kapitel leichter fällt.

Alles, was du aussendest, egal ob mit Worten, Taten oder Gedanken, kommt wieder zu dir zurück. Sendest du also Liebe aus, dann kommt Liebe auf irgendeine Art und Weise auch zu dir zurück.
Wünschst du jemandem etwas Schlechtes, dann kommt auch dies in irgendeiner Form zu dir zurück.
Wenn du jemanden verflucht hast, kommt die gleiche Menge missqualifizierter Energie zu dir zurück, vielleicht in Form einer Krankheit oder eines Unfalls.
Bist du stets hilfsbereit, wird auch dir geholfen, vielleicht nicht dann, wann du denkst es zu brauchen, aber es wird zu dir zurückkommen.
So, nun bitte aufgepasst! Dies alles gilt natürlich für dieses Leben, aber auch für alle anderen Inkarnationen, die du jemals hattest.

JEDE URSACHE ZIEHT IRGENDWANN EINE WIRKUNG NACH SICH!

Sendest du in diesem Leben nur Liebe aus, und es fließt nur Ablehnung zu dir zurück, dann ist das in den anderen Leben begründet. Ursachen, die du damals

gesetzt hast, haben sich also summiert und zeigen jetzt ihre Wirkung!
Es gibt eine Ursachenkette, ich nenne sie Kausalitätenkette (Causa, lat. die Ursache), die dazu führt, dass du nun eine bestimmte Wirkung erfährst. Jetzt stell dir alle deine Ursachen vor, die du in vielleicht 1.000 Inkarnationen gesetzt hast. Alle diese Kausalitätenketten wirken auf dich! Manche von ihnen sind sehr lang und sehr stark, das sind dann deine Urmuster, Dinge, die du immer und immer wieder getan hast. Fast jeder Mensch hat solche Urmuster, manche mehr, manche weniger. Diese sind die Hauptursachen für Probleme in unserem Leben.

In den folgenden Kapiteln wirst du viele dieser Kausalitätenketten auflösen können.

Die Resonanzen sind sozusagen die Gewohnheiten und Erfahrungsmuster, die in deinem Energiesystem festsitzen. Hast du also beispielsweise alle Kausalitätenketten, die zu finanzieller Armut führen, aufgelöst, bleiben in deinem Energiesystem unter Umständen noch die Resonanzen dazu erhalten.

Die Resonanzen müssen also ebenfalls aufgelöst werden, sobald man eine Ursache aufgelöst hat, sonst kann man sich, um bei diesem Beispiel zu bleiben, nur schwer aus der Armut befreien.

Resonanzen kann man anhand einer Stimmgabel gut erklären. Schlägt man eine Stimmgabel an, und

befindet sich in der Nähe eine zweite Stimmgabel mit der gleichen Tonhöhe, dann beginnt diese ebenfalls zu schwingen.
Solange in deinem Energiesystem die Energie der Armut schwingt/klingt, so ziehst du auch nur Themen der Armut an, weil sie genauso schwingen/klingen.

Wenn alle Resonanzen zu einem bestimmten Thema aus deinem Energiesystem aufgelöst wurden, bleiben immer noch die Erinnerungen.
Diese kannst du nicht auslöschen, und du solltest sie auch nicht verdrängen. Kommt wieder einmal eine Erinnerung an eine unangenehme Geschichte hoch, dann sende bewusst Licht und Liebe hinein. Immer wieder Licht und Liebe in diese Erinnerungen senden, so lange, bis sie dir nichts mehr anhaben können und du dir nur noch die daraus resultierenden Erkenntnisse zunutze machen kannst.

Wenn du in den folgenden Kapiteln die Auflösungsarbeiten durchführst, werden die Resonanzen berücksichtigt werden.

An dieser Stelle möchte ich auf ein Buch hinweisen, das auch im Verlag ***Das Goldene Tor*** erschienen ist. Es beschäftigt sich ausschließlich mit den universellen Gesetzmäßigkeiten. Das Wissen darüber ist meines Erachtens unerlässlich auf dem Weg ins Licht. Der Titel des Buches ist:
Herakles spricht - Die universellen Gesetzmäßigkeiten leicht und verständlich erklärt!

Die Göttlichen Strahlen

Da ich in diesem Buch mehrmals die Göttlichen Strahlen erwähne, will ich euch hier eine wirklich kurze Einführung dazu geben, damit ihr wisst, worum es dabei geht.

Viele, die sich für spirituelle Themen interessieren, haben schon mal etwas von den 7 oder 12 Göttlichen Strahlen gehört.
Ich möchte hier klar herausstellen, dass es nur eine Art von Göttlichen Strahlen gibt. Der Mensch neigt dazu, Dinge zu benennen und durchzuzählen und sich dann bis zum letzten Tag daran festzuklammern. Dinge verändern sich, nichts ist in Stein gemeißelt.
Ich will euch erklären, wie es zu den verschiedenen Zahlen kommt und wie viele Strahlen es tatsächlich gibt.
Seit Anbeginn der Zeit sendet Gott seine Energie der Liebe ins Universum. Die Zentralsonnen der Galaxien empfangen diese Licht- und Liebesenergie und senden ihrerseits das Licht weiter zu den Sonnen der Planetensysteme in der jeweilig angepassten Intensität.
In unserer Sonne wird das Licht Gottes durch Helios & Vesta, das sind die Verantwortlichen für unser Sonnensystem, ich nenne sie Vater-Mutter-Gott, in die einzelnen Farbstrahlen zerlegt. Man kann sich das so vorstellen, wie wenn Licht durch ein Prisma fällt.
Diese Göttlichen Farbstrahlen beinhalten jeweils Einzelaspekte des Ganzen und werden je nach Schwingungsfrequenz der einzelnen Planeten auf diese und

auf unsere Erde gesendet.
Dies ermöglicht den lernenden Menschen, Schritt für Schritt die einzelnen Aspekte der Strahlen zu bearbeiten, zu vervollkommnen und zu integrieren. Ich weiß nicht, wie viele Strahlen es gibt, Vesta sagte mir mal, es gibt so viele, wie der Mensch brauchen wird. Damit muss ich mich zufriedengeben. Zur Zeit sind 14 Göttliche Strahlen aktiv, wobei der 14. Strahl gerade in der Aktivierungsphase ist. Als die Schwingung der Erde und die der Menschen sehr niedrig war, konnten wir lediglich die Energie von 7 Farbstrahlen verwenden, da uns die anderen Strahlen einfach nicht erreichen konnten. Dann, seit 1987, ist unsere Schwingung an einem Punkt angelangt, an dem uns weitere 5 Strahlen erreichen konnten, somit waren es also 12 Strahlen. Und seit Ende 2011 schließlich schwingen wir so hoch, dass der 13. Strahl seine volle Wirkung auf uns entfalten konnte. Derzeit sieht es so aus, dass der 14. Strahl in ein paar Jahren für uns voll zugänglich sein wird.
Wenn die Schwingung der Erde und der Menschheit weiter ansteigt, können noch weitere Strahlen hinzukommen. Aber das ist etwas, was uns derzeit nicht weiter zu beschäftigen braucht.
Jeder Mensch hat sich vor seiner allerersten Inkarnation auf der Erde für einen dieser Strahlen entschieden, in dem Sinne, dass er sich vorgenommen hat, die Aspekte dieses Strahles auf der Erde zu manifestieren oder anders gesagt, die Aspekte Gottes, die der Strahl beinhaltet, auf der Erde zu verankern.
Diesen Strahl nennen wir Seelenstrahl, also hat jeder

Mensch einen speziellen Seelenstrahl.
Die Aufgestiegenen Meister und Meisterinnen hatten auch jeder einen Seelenstrahl und auf diesen Strahlen sind sie auch jetzt noch anzutreffen. Das heißt also, sie arbeiten weiterhin mit ihrem Seelenstrahl. So kommt es dann, dass Menschen, die als Seelenstrahl Gelb haben, auch einen Geistführer des Gelben Strahles haben.
Die Göttlichen Strahlen und das Wissen darüber liegen mir sehr am Herzen, denn sie ermöglichen dem lernenden Mensch viele Erkenntnisse über sich selbst und seine Lebensaufgabe. Zu wissen, welches der eigene Seelenstrahl ist, hilft, viel über sich selbst zu erfahren. Natürlich muss man dazu dann auch die Aspekte der einzelnen Strahlen kennen, man muss wissen, welche göttlichen Qualitäten sie beinhalten, um Rückschlüsse auf sich selbst ziehen zu können. Dieses Wissen wird in einem weiteren Buch von mir veröffentlicht werden.
Der interessierte Leser findet jedoch bereits jetzt gute Bücher zu diesem Thema.
Wichtig ist also für euch zu wissen: Jeder von euch hat einen oder meist mehrere Geistführer bzw. Geistführerinnen. Diese waren selbst über viele Inkarnationen als Menschen auf der Erde, deshalb können sie sich auch gut in eure Probleme einfühlen und haben immer den perfekten Rat und Hilfen zur Hand. Sprecht mit ihnen, bittet sie um Hilfe, fragt sie, was auch immer euch einfällt. Sie lieben euch und wünschen sich den Kontakt, denn auch sie wollen diese ihre Aufgabe als Helfer erfüllen.

Dabei spielt es keine Rolle, ob ihr ihre Antwort hört oder nicht. Sie hören euch immer, und ihre Hilfe oder ihre Antworten kommen zu euch. Oft verbergen sie sich in Geschehnissen oder kommen in einer Art und Weise, wie ihr sie gerade nicht erwartet.
Hier gilt es, achtsam zu sein, damit ihr die Hilfen auch erkennen könnt!

Die Violette Flamme der Transformation

Die Violette Flamme der Transformation ist ein Geschenk Gottes an den Menschen. Sie gehört zum 7. Göttlichen Strahl, Strahlenfarbe Violett.

Die Wesen des Strahles sind Meister St. Germain, Erzengel Zadkiel, Lady Amethyst, Elohim Arkturus, Lady Kwan Yin, Meister Kamakura und viele weitere. Wenn wir um die Violette Flamme bitten, lodert sie durch uns und unser Energiesystem. Sie transformiert alle missqualifizierten Gedanken, Gefühle und Energien allgemein.

Wir sollten uns täglich, oder wenn es uns gerade einfällt, mit dieser Flamme reinigen lassen, dafür ist sie da, dafür wurde sie erschaffen. Sie und die Wesenheiten des 7. Strahles helfen uns während dieser Zeit des Aufstieges, unsere Energien hochzuhalten und frei zu werden und zu bleiben.

Nach jeder Auflösungsarbeit sollten wir um die Flamme bitten, damit sie uns reinigt.

Ablauf einer Sitzung

Bevor ich zu den konkreten Themen komme, beschreibe ich hier den Ablauf einer Sitzung mit mir. Bei der ersten Sitzung ist es natürlich unablässig, dass der Mensch mir erzählt, warum er zu mir kommt, welche Probleme und Krankheiten er hat, was er arbeitet und wie seine familiäre Situation ist und alles weitere, was er gerne erzählen möchte.
Danach darf er es sich bequem machen. Ich verbinde mich und mein Herz bewusst mit dem Herzen von Mutter Gaja (unsere Mutter Erde). Dann verbinde ich mein Herz mit dem Licht und der Liebe der Urquelle des Seins, wenn ihr so wollt, mit Gott. Göttliches Licht und Liebe ist das Einzige, was wirklich existiert, alles andere sind von uns selbst erschaffene Erfahrungswelten zum Zwecke der Reifung unserer Seele.
Dann bitte ich die geistige Führung des Menschen und mein Helferteam um Unterstützung zum höchsten göttlichen Wohle des Menschen.
Der Mensch muss mir dann die Erlaubnis geben, ihm zu helfen, er muss es laut aussprechen, denn damit bekundet er seine Bereitschaft, heil zu werden!
Danach verbinde ich mein Herz mit dem Herz des Menschen und lasse ihm all die Liebe zufließen, die mir möglich ist. Der Raum füllt sich nun mit der Energie der göttliche Liebe. Die Schwingung steigt und steigt, und ich fühle die ersten energetischen Blockaden im Energiesystem des Menschen. Das, was ich am heftigsten fühle, ist das erste, was bearbeitet werden soll, d.h. es gibt keine festgelegte Reihenfolge,

wir arbeiten die Themen so ab, wie sie mir erscheinen. Weder ich noch der Mensch kann entscheiden, was an diesem Tag aufgelöst wird. Das entscheidet das Hohe Selbst des Menschen, denn nur das hat den Gesamtüberblick und die nötige Weisheit, eine solche Sitzung zu leiten. Die Schwingung steigt während der Sitzung immer weiter und ermöglicht es auch den Engeln, den Aufgestiegenen Meistern und Meisterinnen, den Einhörnern und vielen weiteren hochschwingenden Wesenheiten, aktiv an dem Energiesystem des Menschen zu arbeiten. Je höher die Schwingung steigt, umso leichter haben es diese Wesenheiten, zu helfen.

An dieser Stelle muss ich auch erwähnen, dass ich als Heiler der Kanal für die geistigen Helfer bin. Ich bin der Mittler zwischen den Welten. Ich bin selbst schon ein großes Stück vorangegangen, aber ich bin weder perfekt noch unfehlbar. Als Mittler habe ich bereits den Zugang zu höheren Energieebenen erlangt. Mit meinen Fähigkeiten kann ich Blockaden bei anderen erkennen und sie mithilfe der geistigen Ebene erlösen.
Dadurch wird es dem Körper möglich, seine Selbstheilungskräfte zu aktivieren und das Heilwerden in Gang zu setzen. Dies ist meist ein Weg und keine einmalige Sache, hat man doch in vielen Inkarnationen viele Blockaden gesammelt.

Dann geht es von Thema zu Thema, so wie es mir oder dem Menschen gezeigt wird. Oft habe ich Sitzungen, bei denen ein Mensch schon sehr gut selbst „sehen“ und „fühlen“ kann, dann lasse ich mich gerne darauf ein, die Themen nach seinen Bildern anzugehen.

Auch das Ende einer Sitzung bestimmen die geistigen Helfer, einfach indem sie mir ein Stoppzeichen geben oder mir keine Blockaden mehr zeigen. Eine Erstsitzung kann so über drei Stunden dauern, und das ist schon sehr anstrengend für Mensch und Heiler.

Danach gilt es noch zu entspannen, wieder mit den Füßen auf die Erde zurückzukommen, viel Wasser zu trinken und wenn möglich an diesem Tag auszuruhen.

Wann und ob der Mensch zu einer weiteren Sitzung kommt, muss er selbst entscheiden, so wie es für ihn stimmig ist. Wie bei jeder Energiebehandlung kann es in den folgenden Tagen zu Reaktionen kommen, oft ist es eine tiefe Müdigkeit. Dieser sollte man dann unbedingt nachgeben und sich einfach ins Bett legen. Der Körper braucht Zeit, um die Energien, die in Bewegung gekommen sind, zu integrieren, die Veränderungen physisch umzusetzen. Das darf man auf keinen Fall unterschätzen! Höre auf deinen Körper, er weiß, was gut für dich ist!

Ich werde es sicher noch in den folgenden Kapiteln mehrfach erwähnen, einfach weil es so wichtig ist. Bei allen Sitzungen, egal, wo man sie macht, sollte es um Bewusst-Werdung und um das Selbst-Erkennen gehen.

Was wollen mir diese Krankheit oder diese Symptome sagen? Was hat dazu geführt? Was lebe ich denn? Lebe ich mich selbst oder das Leben, das andere für mich wollen? Bin ich glücklich?

Und genau hier beginnt der Selbstbetrug, bei diesen Fragen. Ich habe es bei mir selbst so erlebt und bei vielen Menschen, die zu mir kamen.

Du kannst nur ganz heil und frei werden, wenn du dir diese Fragen stellst und ehrlich beantwortest. Ich stelle diese Fragen den Menschen, die zu mir kommen und gemeinsam finden wir auch die Antworten.

Gelübde, Eide, Schwüre, Versprechungen

Alle Auflösungsarbeit läuft ins Leere, wenn zu den Themen oder Personen, mit denen man etwas auflösen möchte, Verbindungen bestehen, die man selbst durch einen Schwur geknüpft hat. Deshalb ist dieses Thema auch hier an erster Stelle. Wir sind oft sehr leichtfertig, ein Versprechen abzugeben und machen uns über die Konsequenzen meist keine großen Gedanken. Leider haben wir uns auch in den allermeisten unserer Inkarnationen keine Gedanken darüber gemacht, schon gar nicht darüber, dass diese Gelöbnisse weiter aktiv bleiben.

Ja, genau, alle Gelübde, Eide, Schwüre, Versprechungen, Verträge, die wir in allen unseren Inkarnationen gegeben bzw. abgeschlossen haben, gelten so lange weiter, bis wir sie widerrufen.

Die Auswirkungen können so enorm sein, dass deren Auflösungen dein Leben komplett auf den Kopf stellen. Ich habe das bei vielen Klienten beobachten dürfen, es ist der erste große Schritt in die Freiheit!

Ich muss hier aber auch darauf hinweisen, dass sich nach dem Lesen dieses Buches und dem Durcharbeiten all der Übungen, Menschen und Dinge aus deinem Leben verabschieden können oder du spürst, dass bestimmte Personen oder deine Arbeit nicht mehr passend sind. Viele Menschen fürchten sich vor Veränderungen, sei dir also bitte bewusst, dass sich viel in deinem Leben ändern kann, wenn du hier nun weitergehst. Freiheit zu erlangen, ohne Veränderungen im Leben einzuleiten, ist meist nicht möglich!

Kommen wir also zur ersten Übung in diesem Buch. Ich gebe die Übung hier so vor, wie ich es in einer Sitzung auch tue. Bitte begib dich in eine aufrichtige innere Haltung und sprich diese Sätze laut oder in deinen Gedanken aus.

Ich bitte Erzengel Michael um einen geschützten Raum.

Göttliches Licht und göttliche Liebe durchfluten mich.

Hiermit widerrufe ich alle Gelübde, Eide, Schwüre, Versprechungen, Verträge und alles weitere in dieser Art, die mir nicht zu meinem höchsten göttlichen Wohle dienen.

Ich widerrufe, ich widerrufe, ich widerrufe sie!

Ich bitte Erzengel Michael alle Bande jetzt zu durchtrennen, damit ich meine Freiheit erlangen kann!

Ich bitte die Violette Flamme um Transformation und Reinigung meines gesamten Systems.
(3 Minuten Konzentration auf die Flamme)

Vielen Dank!

Du kannst die Übungen in diesem Buch zu jedem Zeitpunkt wiederholen, wenn du das Gefühl hast, es gibt noch etwas diesbezüglich aufzulösen. Man muss auch wissen, dass man nur die Dinge auflösen kann, die bis zu dem Bewusstseinsgrad reichen, in dem man sich gerade befindet. Deshalb ist es sinnvoll diese Übungen von Zeit zu Zeit zu wiederholen, so, wie man es fühlt und für richtig hält.

Das war die eine Seite der Münze, auf der anderen Seite sind alle Gelöbnisse, die andere Wesen dir gegenüber eingegangen sind. Es nutzt dir heute nichts mehr, wenn dir jemand in einer Inkarnation die ewige Liebe geschworen hat und heute deshalb nicht von dir loskommt. Es schadet euch beiden. Um wirklich frei zu werden musst du auch diese Wesen von ihren Gelöbnissen entbinden. Sie werden dir dafür dankbar sein!

Ich bitte Erzengel Michael um einen geschützten Raum.

Göttliches Licht und göttliche Liebe durchfluten mich.

Hiermit entbinde ich alle Wesen im gesamten Universum von allen Gelübden, Eiden, Schwüren, Versprechungen, Verträgen und allem weiteren in dieser Art, die ihnen nicht zu ihrem höchsten göttlichen Wohle dienen.

Ich entbinde, ich entbinde, ich entbinde sie und spreche sie frei von jedweder Verpflichtung mir gegenüber!

Ich bitte Erzengel Michael alle Bande jetzt zu durchtrennen, damit wir alle unsere Freiheit erlangen können!

Ich bitte die Violette Flamme um Transformation und Reinigung meines gesamten Systems.
(3 Minuten Konzentration auf die Flamme)

Vielen Dank!

Wenn du heute mit Menschen zu tun hast, bei denen du das Gefühl hast, in einer Art Abhängigkeit zu sein oder die sich von dir abhängig machen, dann kann es nötig sein, diese Übungen speziell für diese Menschen zu wiederholen. Es ist mir bei einigen Klienten aufgefallen, dass sie einfach nicht von einem bestimmten Menschen frei kamen, bis wir diese Übung speziell für diesen einen Menschen durchgeführt haben. Oft spielen dabei noch andere Faktoren eine Rolle, die noch in den folgenden Kapiteln vorgestellt werden und zum Tragen kommen.
Wenn du das Gefühl hast, nach einer Übung in diesem Buch aus den folgenden Kapiteln, diese Übung wiederholen zu wollen, dann tue es. Schaden kann es nicht, und oft ist es tatsächlich so, dass du eine Auflösung erst erfolgreich durchführen kannst, wenn du eine andere erledigt hast.

Da haben wir wieder die zuvor schon einmal angesprochene Zwiebel, du hast dann eine Schale abgelöst, und eine neue kommt zum Vorschein, und diese muss dann wieder bearbeitet werden.

In einer Sitzung sehe ich das und kann individuell darauf eingehen, hier im Buch ist das nicht möglich. Vertraue diesbezüglich auf deine Gefühle!

Übrigens, wenn man Mitglied in einem Verein, einer Organisation oder Institution ist, dann ist das auch eine Art Vertrag, den man unterschrieben oder stillschweigend zugestimmt hat. Man ist dann energetisch damit verbunden und „trägt“ auch einen Teil ihrer Energien mit sich!

Die Ahnen

Die Ahnenkugel

Alle Energien, die unsere Ahnen „erwirtschaftet“ haben, stehen uns prinzipiell in unserem Leben zur Verfügung. Auch die Ahnen selbst stehen hinter unserem Rücken und stützen uns ... im optimalen Fall. Nun ist es aber so, dass viele unserer Ahnen nach ihrem physischen Tod nicht ins Licht gegangen sind. Die Gründe dafür sind vielfältig, ich habe während der letzten Jahre immer wieder sehen dürfen, dass es bei vielen die Angst vor Bestrafung im Jenseits war, bei anderen die Scham über ihr Leben, und viele weitere weigerten sich einfach, die Materie loszulassen und klebten an ihren alten Besitztümern bzw. an den Orten, an denen diese einmal vorhanden waren. Es gibt noch viele weitere Gründe, ich will aber in diesem Buch nicht alle Ursachen aufzählen, sonst wäre jedes Kapitel mehrere hundert Seiten lang. Alle Ahnen, die nicht im Licht sind, belasten unser Leben.

Wenn wir an unsere Ahnen denken, stellen wir uns Mutter, Vater, Großmütter, Großväter und vielleicht noch die Urgroßeltern vor. Wenn ich hier von den Ahnen spreche, meine ich alle Ahnen, und zwar aus allen Inkarnationen. Stellt euch eine Kugel vor, in deren Mitte ihr sitzt. Von dieser Mitte gehen nun hunderte Ahnenlinien in alle Richtungen mit vielen Verzweigungen. Ich hoffe, ihr könnt es euch annähernd vorstellen. Alle diese Ahnen sind energetisch mit uns verbunden, ob wir das wollen oder nicht. Es ist auch

nicht möglich sich von diesen Ahnen abzutrennen, es gibt nur einen Weg, sich von den Belastungen aus der Ahnenkugel zu befreien. Die Ahnen müssen ins Licht gebracht werden.
Als wir mit dieser Arbeit begannen, führten wir einen nach dem anderen ins Licht und auch meist nur bis zu den Urgroßeltern. Mit dieser Methode bräuchten wir einfach zu lange, um alle Ahnen ins Licht zu bringen. Ich hatte schon immer bei allen Themen nach „globalen" Lösungen gesucht, und glücklicherweise zeigte uns die geistige Ebene immer genau dann, wenn ich danach suchte, die passende Lösung. In diesem Fall waren es Helios & Vesta, Vater-Mutter Gott dieses Planetensystems, die uns bei dieser Methode hilfreich zur Seite standen. Mit der folgenden Übung könnt ihr, mit Hilfe der Engel und Helios & Vesta, euren Ahnen helfen, ins Licht zu gehen.

Bitte mache diese Übung in einer meditativen Haltung, mit der inneren Absicht, diese Dinge auflösen zu wollen. Lies die Übung erst durch und entscheide dann, ob dies für dich stimmig ist. Ich gebe diese Übung hier genauso vor, wie ich es auch in einer Sitzung mache, nur mit dem Unterschied, dass ich in einer Sitzung „wir" sage und ich dir die Übungen hier in der Ich-Form vorgebe. Es macht keinen Unterschied, die Übung laut aufzusagen oder dies in Gedanken zu tun, mache es so, wie es für dich stimmig ist.

Ich bitte Erzengel Michael um einen sicheren Raum.

Göttliches Licht und göttliche Liebe durchfluten mich.

Ich bin im Zentrum einer großen Kugel, die aus lauter Ahnenlinien mit ihren Verzweigungen besteht.

Nun sende ich Licht und Liebe aus meinem Herzen in alle Ahnenlinien. Ich bitte Helios & Vesta und die Engel, dies mit ihrem Licht und ihrer Liebe zu unterstützen und so lange fließen zu lassen, bis alle Ahnen im Licht sind.

Licht und Liebe fließen in alle Ahnenlinien ...
(Konzentration auf Licht und Liebe)

Ich bitte die Engel alle meinen Ahnen ins Licht zu führen!

Licht und Liebe fließen in alle Ahnenlinien ...
(Konzentration auf Licht und Liebe)

Ich bitte die Engel alle meinen Ahnen ins Licht zu führen!

Licht und Liebe fließen in alle Ahnenlinien ...
(Konzentration auf Licht und Liebe)

Ich bitte die Engel alle meinen Ahnen ins Licht zu führen!

Ich bitte die Violette Flamme um Transformation und Reinigung meines gesamten Systems.
(3 Minuten Konzentration auf die Flamme)

Ich danke den Engeln für ihre Hilfe!

Halte nun diese Vorstellung so lange, bis du das Gefühl hast, dass es gut ist. Wiederhole diese Übung beliebig oft, wenn du das Gefühl hast, dass es nötig ist. Wenn du keine visuellen Eindrücke hast, so ist das kein Problem, vertraue auf deine Gefühle.

Es wird immer wieder Ahnen geben, die mit dieser Methode nicht ins Licht gehen. Die häufigsten Ursachen dafür sind, dass sie mit dir noch etwas Spezielles aufzulösen haben. Wenn du das Gefühl hast, da ist noch jemand, versuche herauszufinden, was euer Thema ist, frage und bitte ihn, dir mitzuteilen, was er oder sie brauchen, um ins Licht zu gehen. Im Zweifel hole dir Hilfe bei einem Heiler, einer Heilerin oder einem Medium.

Schattenanteile der Ahnen

Schattenanteile sind energetische Anteile eines Menschen, es gibt viele Gründe, warum wir sie abspalten. Leben wir beispielsweise unser Leben nicht so, wie wir es gerne leben möchten, dann spalten wir Anteile von uns selbst ab. Belügen wir uns selbst oder unterdrücken Gefühle, kehren wir unsere Themen unter den Tisch oder versuchen Geschehnisse ein Leben lang zu vergessen, so sind das alles Ursachen für das Abspalten von Anteilen. Ich nenne diese Anteile Schattenanteile, weil dies alles Anteile sind, die ein Schattendasein führen. Diese Anteile sind nicht zu kontrollieren, sie haben ein Eigenleben und können uns selbst und anderen das Leben schwer machen, um es gelinde auszudrücken. Hier geht es erst mal nur um die Schattenanteile der Ahnen, auf unsere eigenen komme ich später nochmal zu sprechen.

Nun haben wir also die Ahnen mit Hilfe der Engel ins Licht geschickt, ihre Schattenanteile sind aber noch nicht im Licht. Sie „leben" weiter und beeinflussen uns nicht gerade lichtvoll. Deshalb nun eine weitere Übung, um die Schattenanteile unserer Ahnen ins Licht zu bringen.

Wer etwas Übung hat, kann später die beiden Übungen gleichzeitig oder nacheinander durchführen. Hier nun wieder die Übung so, wie ich sie in Sitzungen bei mir vorgebe:

Ich bitte Erzengel Michael um einen sicheren Raum.

Göttliches Licht und göttliche Liebe durchfluten mich.

Ich bin im Zentrum meiner Ahnenkugel und strahle Licht und Liebe aus.

Ich bitte nun darum, dass für jeden Schattenanteil eine Lichtsäule entsteht.

Ich bitte die Engel, alle Schattenanteile ins Licht zu führen.

Wenn sich ein Anteil weigert, ins Licht zu gehen, so bitte ich darum, dass er auf eine Schulungsebene gebracht wird, bis er bereit ist, ins Licht zu gehen.

Licht und Liebe fließen zu allen Schattenanteilen ...
(Konzentration auf Licht und Liebe)

Licht und Liebe fließen zu allen Schattenanteilen ...
(Konzentration auf Licht und Liebe)

Licht und Liebe fließen zu allen Schattenanteilen ...
(Konzentration auf Licht und Liebe)

Ich bitte die Violette Flamme um Transformation und Reinigung meines gesamten Systems.
(3 Minuten Konzentration auf die Flamme)

Vielen Dank!

Halte nun diese Vorstellung so lange, bis du das Gefühl hast, dass es gut ist. Wiederhole diese Übung beliebig oft, wenn du das Gefühl hast, dass es nötig ist.

Mit den beiden Übungen hast du nun sehr viel Gutes getan für deine Ahnen, für deine Nachkommen und natürlich für dich selbst.

Schattenanteile der Ahnen in uns

Oft ist es so, dass Schattenanteile unserer Ahnen bzw. von Vater, Mutter, Oma oder Opa in uns sind. Die Gründe dafür sind vielfältig, hier einige Beispiele:

Der Vater hat beispielsweise nie die Freiheit gelebt, die er gerne gelebt hätte, hat sich sein Leben lang zurückgenommen und seinen Drang unterdrückt. Dadurch spaltet sich unbewusst ein Anteil des Vaters ab, sagen wir in diesem Fall ein unterdrückter Freiheits-Anteil, ein Schattenanteil. Der Sohn oder die Tochter leben die Freiheit, die der Vater sich immer gewünscht hat. Die Kinder sind offen für ihren Vater, lieben ihn. Der Schatten kann widerstandslos in das Energiesystem des Kindes eindringen und versucht sich nun über das Kind zu verwirklichen.

Die Oma hat ihr Leben lang nur für die Familie geschuftet, nie ihre Wünsche geäußert und schon gar nicht gelebt. Ihr einziger Lichtblick ist ihr Enkelsohn, den sie sehr liebt. Das Kind liebt seine Oma natürlich auch. Das Kind wird erwachsen, aber die Oma liebt immer noch das Kind, es war und ist ihr einziger Lichtblick. Die Oma hat Schattenanteile abgespalten, da sie ein Leben lang nur für andere da war und sich vernachlässigt hat. Der Schattenanteil sitzt im Herzen des nun erwachsenen Enkelsohnes und umklammert dessen inneres Kind. Das innere Kind ist gefangen und kann sich nicht entfalten, der junge Mann verliert seine Lebensfreude.

Die Mutter ist sehr dominant, sie weiß, was sie will und was ihr Sohn tun soll. Der Sohn ist eher der unentschlossene Typ, hat Probleme, die Verantwortung für sich zu übernehmen, er ist froh, dass seine Mutter alles für ihn regelt. Da er die Verantwortung für sich selbst nicht übernehmen will, macht er in sich Platz für einen Anteil seiner Mutter. Nun fällt es ihm noch schwerer, sich gegen die Dominanz seiner Mutter durchzusetzen, und es entsteht ein Abhängigkeitsverhältnis, das über den Tod des physischen Körpers der Mutter hinaus bestehen bleibt, weil der Schattenanteil ja bleibt.

Ein Vater vergeht sich an seiner Tochter. Die Gründe dafür wollen wir für dieses Beispiel mal außen vor lassen. Bei einer solchen Ursache sind immer Schatten und Dunkel mit im Spiel. Die Tochter schämt sich und fühlt sich auch noch schuldig. Schuldgefühle und Scham öffnen die Türen für Schatten. Der Schatten, der für die sexuellen Übergriffe verantwortlich war, geht in die Tochter über. Die Tochter wird damit immer Probleme haben, denn der Schatten und die Scham ziehen nach dem Prinzip der Resonanz Gleiches immer wieder an.

Ich will es bei diesen vier Beispielen belassen. Ich weiß, dass viele Leser damit Probleme haben, diese Wahrheiten zu akzeptieren.
Ich habe nicht eine Sitzung erlebt, bei der in einem Menschen kein Schattenanteil vorhanden gewesen war.

An dieser Stelle muss ich darauf hinweisen, dass es hier nicht darum geht, jemanden zu verurteilen oder zu beschuldigen. Schattenanteile sind leider die Regel, denn die meisten Menschen leben nicht ihre göttliche Wahrheit, sondern lassen sich vom System integrieren und vereinnahmen, sind unzufrieden und unglücklich oder leben so, wie es jemand anderes von ihnen erwartet. Alle diese Zusammenhänge haben wir uns selbst erschaffen, und was wir hier nicht vergessen dürfen, ist die Tatsache, dass wir ja auch unsere eigenen Ahnen sind. Wir inkarnierten ja immer wieder in unserer eigenen Ahnenlinie und waren z.B. unser eigener Urgroßvater. Wir tun dies einfach deshalb, weil wir uns selbst und alle Ahnen erlösen möchten.
Dann bedenke noch wie schwer es unsere Ahnen hatten, sie waren im ständigen Überlebenskampf. Wir hingegen haben heute alle Möglichkeiten, uns zu entfalten, zu lernen und zu entwickeln. Hinzu kommt die Schwingung der Erde, die heute um ein Vielfaches höher ist und uns nun endlich die Möglichkeit gibt, über unser menschliches Dasein hinauszuwachsen und zurückzukehren zu dem göttlichen Menschen.

Dafür müssen wir etwas tun, nämlich alle Blockaden und Schatten erlösen und auflösen!

Hier nun die Übung, um die Schattenanteile aus unserem System herauszubekommen. Nimm dir viel Zeit für diese Übung, suche dir einen ruhigen Platz, und mache es dir gemütlich. Wiederhole die Übung, so lange, bis du das Gefühl hast, dass es gut ist.

Ich bitte Erzengel Michael um einen sicheren Raum.

Göttliches Licht und göttliche Liebe durchfluten mich.

Ich bin im Zentrum einer riesigen Lichtpyramide. Ein Lichtstrahl geht durch mich durch und verbindet mich mit Himmel und Erde.

Ich bitte die Engel und die Ahnen im Licht um Hilfe.

Alle Schattenanteile in meinem System bekommen eine Lichtsäule, und ich sende ihnen Licht und Liebe aus meinem Herzen.

Ich bitte nun die Engel und die Ahnen im Licht, alle Schattenanteile aus mir herauszuholen und ins Licht zu führen.

Licht und Liebe fließen zu allen Schattenanteilen ...
(Konzentration auf Licht und Liebe)

Licht und Liebe fließen zu allen Schattenanteilen ...
(Konzentration auf Licht und Liebe)

Licht und Liebe fließen zu allen Schattenanteilen ...

Ich bitte die Violette Flamme um Transformation und Reinigung meines gesamten Systems.
(3 Minuten Konzentration auf die Flamme)

Vielen Dank an alle Helfer!

Nimm dir mindestens 20 Minuten Zeit für diese Übung, und konzentriere dich auf die Lichtsäule, die dich durchflutet. Die Zeit ist nötig, damit sich deine Schwingung auf ein Niveau heben kann, bei dem geistige Helfer dich auch erreichen können.
Wiederhole diese Übung, wenn du das Gefühl hast, dass es nötig ist.

An dieser Stelle sei erwähnt, dass du den Platz, den die Schatten in dir eingenommen hatten, nun selbst ausfüllen solltest. Bitte deshalb nun darum, dass alle deine Anteile, die du abgespalten hast, nun zu dir zurückkommen und die Plätze ausfüllen, die zuvor von Schatten besetzt waren.

Du darfst diese, wie auch alle anderen Übungen in diesem Buch, beliebig oft wiederholen. Vertraue dabei auf deine Intuition und deine Gefühle.

Pakete der Ahnen, die auf uns lasten

Ein weiterer Punkt bei dem Thema Ahnen sind die Pakete, die wir für unsere Ahnen auf unseren Schultern tragen. Auch hier will ich nochmal auf die Ursachen eingehen, die dazu führen, dass wir diese Pakete tragen.

Bereits bei der Geburt nehmen wir unseren Eltern Lasten von den Schultern. Das können Ängste sein, Schuldgefühle, Sorgen und vieles mehr. Warum tun wir das? Wir machen das aus Liebe, um sie auf ihrem Lebensweg zu unterstützen. Unsere Eltern haben ihrerseits Pakete von ihren Eltern übernommen usw., oft sind das unerlöste Schuldgefühle, Verpflichtungen, die sich aus Versprechen und Gelübden ergeben haben und vieles, vieles mehr.
Während wir aufwachsen, laden wir uns dann weitere Pakete auf, auch hierfür gibt es wieder unzählige Gründe. Wenn ich die Lasten sehe, die manche Klienten mit sich herumtragen, dann frage ich mich oft, wie sie überhaupt so lange damit leben konnten.
Um diese Pakete loszuwerden, oder zumindest den größten Teil von ihnen, muss man sich bewusst machen, dass nun die Zeit gekommen ist, in der wir in die Freiheit gehen und die Altlasten entsorgen dürfen. Ich habe das oft genug beobachten dürfen. Wenn wir darum bitten, haben die Engel die Möglichkeit, uns von einem Großteil der Lasten zu befreien, einfach auch deshalb, weil wir sie nur noch aus Gewohnheit tragen und die Ursachen davon längst aufgelöst sind.

Allerdings gibt es auch hier wieder Gründe, warum man gewisse Pakete nicht loswird. Klebt man an einem Schuldgefühl zu einem gewissen Thema, dann wird man diese Pakete auch nicht loswerden. Meint man, man müsse dem Partner doch tragen helfen, weil er es alleine sicher nicht schafft, dann wird man seine Pakete auch nicht loswerden.
Hier sind dann gezielte Sitzungen notwendig, sofern der Mensch das möchte, in denen diese Pakete und die Ursachen, warum man sie trägt, aufgelöst werden.
Nun wollen wir aber eine weitere Übung machen, um den Großteil unserer Pakete den Engeln zu übergeben.

Nimm dir wieder Zeit für diese Übung, suche dir einen ruhigen Platz und mache es dir gemütlich. Wiederhole die Übung, so lange, bis du das Gefühl hast, dass es gut ist.

Ich bitte Erzengel Michael um einen sicheren Raum.

Göttliches Licht und göttliche Liebe durchfluten mich.

Ich bin im Zentrum einer riesigen Lichtpyramide. Ein Lichtstrahl geht durch mich durch und verbindet mich mit Himmel und Erde.

Ich bitte die Engel und die Ahnen im Licht um Hilfe.

Bitte nehmt mir alle Pakete und Lasten von den Schultern.

Ich lasse jetzt alle Pakete und Lasten los, die ich zu meinem höchsten göttlichen Wohle nicht mehr tragen muss.

Bitte entsorgt diese Lasten und Pakete so, wie es nach dem göttlichen Willen richtig ist.

Ich bitte außerdem darum, dass ihr die Resonanzen, die dazu führen, dass ich Pakete von anderen übernehme, aus meinem gesamten System entfernt.

Bitte füllt die entstandenen Freiräume mit Licht und Liebe auf!

Licht und Liebe fließen mir zu ...
(Konzentration auf Licht und Liebe)

Licht und Liebe fließen mir zu ...
(Konzentration auf Licht und Liebe)

Licht und Liebe fließen mir zu ...
(Konzentration auf Licht und Liebe)

Ich bitte die Violette Flamme um Transformation und Reinigung meines gesamten Systems.
(3 Minuten Konzentration auf die Flamme)

Vielen Dank!

Nimm dir viel Zeit für alle diese Übungen, und lass sie in Ruhe nachwirken. Wenn du dich nach diesen Übungen müde fühlst, so gib diesem Gefühl nach, und ruhe dich aus. Trinke viel Wasser, und gehe in die Natur. Bei diesen Übungen werden enorm viele Energien bewegt, dein Körper braucht Zeit und Ruhe, um dies zu verarbeiten.

Nach welchen Vorstellungen lebst du?

Wir alle haben bestimmte Vorstellungen, wie das Eine oder das Andere zu sein hat. Wir haben Vorstellungen davon, wie man sein Leben führen soll. Die Wohnung muss nach einem bestimmten Rhythmus geputzt werden, die Vorhänge vier Mal im Jahr gewaschen werden, das Auto muss samstags geputzt werden, und jede Woche muss man einmal die Straße kehren. Ihr könnt die Liste beliebig fortführen ...

Alles gut und schön, nur, was davon kommt aus eurem Inneren? Was davon habt ihr einfach von euren Eltern übernommen, ohne jemals überprüft zu haben, ob ihr das auch so leben wollt.
Wolltet ihr nicht immer anders leben als eure Eltern, und jetzt schaut ihr auf euer Leben und stellt fest, dass ihr ein sehr ähnliches Leben führt?
Nun, dann ist es jetzt vielleicht an der Zeit, die übernommenen und auferlegten Dogmen, Lebensvorgaben und Muster eurer Ahnen über Bord zu werfen!

Musst du auch früh aufstehen und lange arbeiten, damit du zu etwas kommen kannst? Warum sollte es auch bei dir anders sein als bei deinen Eltern?

Als ich die ersten Jahre selbstständig war, habe ich bestimmt 12 Stunden am Tag gearbeitet, meine Frau war nur noch genervt von mir, das Büro war in unserem Haus, und ich war ständig irgendetwas am Tun. Ich hatte es ja so von Mutter und Vater gelernt und in meinem System als unwiderrufliches Programm abgelegt. Es hat 10 Jahre gedauert, bis ich erkannt habe, dass es überhaupt keinen Unterschied macht, ob ich 6 oder 12 Stunden gearbeitet habe, mein Einkommen war identisch.

Ich erinnere mich daran, als 13-jähriger Junge ging ich mit meinem Onkel zum Angeln, er holte mich nachts um 4 Uhr ab, damit wir spätestens um 5 Uhr am Weiher waren, denn früh morgens fängt man ja die meisten Fische. Ich habe dies unreflektiert übernommen und mich auch nie gewundert, obwohl ich den ganzen Tag über Fische gefangen hatte und die meisten davon am helllichten Tag. Jahre später, als ich selbst ein Auto hatte, ging ich um 10 Uhr angeln, nachdem ich ausgeschlafen hatte. Ich habe immer so viele Fische gefangen, dass ich sie verschenken musste.

Damit will ich aufzeigen, wie leicht man etwas übernimmt, was vielleicht totaler Käse oder einfach überholt ist. Unsere Eltern haben diese Verhaltens- und Denkmuster genauso von ihren Eltern übernommen und sie unreflektiert weitergegeben.

Wir wollen uns aber heute aus all diesen Mustern befreien, für uns selbst und für unsere Kinder, die mit unserer Auflösungsarbeit automatisch von vielen Dingen mit befreit werden.
Nimm dir wieder Zeit für diese Übung, suche dir einen ruhigen Platz und mache es dir gemütlich. Wiederhole

diese Übung, so lange, bis du das Gefühl hast, dass es gut ist bzw. du alle Prägungen, Muster und Dogmen, die dir nicht mehr dienlich sind, abgelegt hast.

Ich bitte Erzengel Michael um einen sicheren Raum.

Göttliches Licht und göttliche Liebe durchfluten mich.

Ich bin im Zentrum einer riesigen Lichtpyramide. Ein Lichtstrahl geht durch mich durch und verbindet mich mit Himmel und Erde.

Ich bitte die Engel und meine Helfer auf der geistigen Ebene um Hilfe.

Ich bitte euch, entfernt alle Dogmen, Muster, Prägungen, Lebenseinstellungen, Vorstellungen und alles weitere in dieser Art, die mir nicht zu meinem höchsten göttlichen Wohle dienen aus meinem gesamten System.
(Konzentration auf Licht und Liebe)

Ich bitte euch auch, alle Resonanzen zu diesen Dingen aus meinem System zu entfernen.

Ich bitte euch, ersetzt alle diese Dinge, die ihr entfernt habt, durch Licht und Liebe.
(Konzentration auf Licht und Liebe)

Von heute an will ich mein Leben nach meinen eigenen Vorstellungen und Wünschen leben!

Ich lasse nun endgültig und für alle Zeiten diese Informationen aus meinem System los, sie sind nicht mehr relevant, vorbei und vergessen, für immer aus meinem System gelöscht, so sei es für die Ewigkeit, Amen!

Ich bin Licht und Liebe ...
(Konzentration auf Licht und Liebe)

Ich bin Licht und Liebe ...
(Konzentration auf Licht und Liebe)

Ich bin Licht und Liebe ...
(Konzentration auf Licht und Liebe)

Ich bitte die Violette Flamme um Transformation und Reinigung meines gesamten Systems.
(3 Minuten Konzentration auf die Flamme)

Danke für eure Hilfe!

Bitte beobachte dich die nächsten Tage bewusst selbst. Was tust du? Was redest du? Wie verhältst du dich? Beobachte dich, reflektiere darüber und überlege, ob du so leben willst oder weitere Dinge ändern möchtest.

Ich kann dir hier in diesem Buch nur die Türen aufmachen, durchgehen und es TUN musst du selbst!

Für unsere Kinder sind wir die Ahnen

Auch wir haben bereits Pakete, Muster und Prägungen auf unsere Kinder übertragen. Oft sind bereits Schattenanteile von uns selbst in unseren Kindern. Auch ich musste diese Erfahrung machen, auch wenn sie mir nicht besonders gefallen hat.
Auf der Seelenebene haben wir vor der Inkarnation, gemeinsam mit unseren Kindern, geplant, was wir diesmal hier auf der Erde lernen und erfahren möchten. Unsere Kinder sind also nicht per Zufall zu uns gekommen, unsere Familien sind Teil einer aus menschlicher Sicht unvorstellbaren Planungssitzung. Diese Sitzungen finden nicht nur vor unserer Inkarnation statt, sondern andauernd nachts auf höheren Ebenen.
Dort haben wir also einen Plan erdacht, bei dem es darum geht, möglichst viele Erfahrungen zu machen und Lernlektionen abzuschließen. Unsere Kinder kommen also mit ähnlichen Themen in diese Welt, wie wir sie auch mitgebracht haben. Das Ziel liegt darin, dass wir gemeinsam unsere Themen bearbeiten und Lernaufgaben meistern. Dabei spielt es auch keine Rolle, ob du Pflegekinder hast oder bei Pflegeeltern aufgewachsen bist. Ich sage es nochmal, es gibt hier keine Zufälle.

Jedes Kind ist genau bei den Eltern, bei denen es sein wollte. Du hast genau die Eltern, die du dir für diese Inkarnation ausgesucht hattest.

In der jetzigen Zeit geht es um höchstmögliche Transformation unserer gemeinsamen Themen, die wir unter Umständen seit Jahrtausenden mit uns herumschleppen. Wenn du mit dem Verhalten deiner Kinder nicht klarkommst, dann nur, weil du ein damit verbundenes Thema auflösen wolltest. Versuche also nicht, deine Kinder umzuerziehen, sondern überlege dir, warum dich dieses Verhalten so sehr stört.
Vielleicht wollen sie dich damit auf deine Muster und Prägungen hinweisen. Vielleicht spiegeln sie dir deine Schwächen und Dinge, die du an dir selbst nicht leiden kannst. Ich glaube, das Thema könnte ein ganzes Buch füllen.
Hier wollen wir nun aber unsere Muster, Prägungen und Pakete von den Schultern unserer Kinder entfernen. Wir durften in den Übungen zuvor die Dinge unserer Ahnen entsorgen, jetzt, wo wir befreit sind, können auch unsere Kinder befreit werden. Sobald deine Kinder ein Alter erreicht haben, um diese Dinge zu verstehen, solltest du mit ihnen darüber reden. Spätestens ab 16 Jahren musst du sie um Erlaubnis fragen. Tust du das nicht und machst diese Übungen ohne ihr Einverständnis, ist das übergriffig und du schaffst damit nicht-lichtvolle Ursachen.

Ich habe mich mit meinem Sohn David, der jetzt 11 Jahre alt ist, zusammengesetzt und ihm in einfachen Worten erklärt, dass er mir, bei seiner Geburt, Lasten abgenommen hat, um mir zu helfen. Ich habe mich bei ihm dafür bedankt und ihm klargemacht, dass ich nun bereit bin, diese Lasten selbst zu tragen.

In meinem Fall waren das sehr viele Ängste, die er für mich getragen hatte. Er war damit einverstanden, und die Engel haben den Rest erledigt.
Oft ist es also so, dass unsere Kinder uns Dinge abnehmen, weil sie erkennen, dass wir diese im Moment nicht alleine tragen können oder wollen. Sie tun das aus Liebe zu uns. Sobald wir uns bewusster werden, sollten wir die volle Verantwortung für uns, unser Leben, unsere Handlungsweisen, unsere Entscheidungen und auch unsere Lasten, Ängste, Sorgen usw. selbst übernehmen.

Hier nun die Auflösungsarbeit dazu. Du solltest diese Arbeit für jedes Kind einzeln machen und es dabei mit Namen ansprechen. Idealerweise ist das Kind dabei anwesend, das ist aber nicht zwingend notwendig. Gerade in der Pubertät wollen die meisten Kinder davon nichts wissen oder wie meine Tochter damals gesagt hat: „Mach was du willst, aber erzähl mir bloß nichts davon."
Das war dennoch eine Erlaubnis!

Ich bitte Erzengel Michael um einen geschützten Raum.

Göttliches Licht und göttliche Liebe durchfluten uns.

Liebes Kind, du trägst viele Lasten für mich und dafür danke ich dir sehr. Du hast mir geholfen, als es nötig war und mich damit entlastet.

Jetzt bin ich bereit, meine Lasten selbst zu tragen und zu bearbeiten. Ich bin bereit, die Verantwortung für mich komplett selbst zu übernehmen.

Ich bitte dich also, lasse alle Lasten los, die du von mir trägst und gib sie mir zurück.

Ich bitte die Engel, alle Lasten, die mein Kind für mich trägt, von seinen Schultern zu nehmen.

Alles, was davon jetzt entsorgt werden kann, darf entsorgt werden, alles, was ich noch bearbeiten muss, soll zu mir zurückkommen.
(3 Minuten Konzentration auf Licht und Liebe)

Ich bitte die Violette Flamme um Transformation und Reinigung unserer gesamten Systemse.
(3 Minuten Konzentration auf die Flamme)

Vielen Dank!

Damit haben wir nun einen Großteil unserer Pakete zurückerhalten, Vieles konnte auch sicher schon direkt von den Engeln entsorgt werden. Sollte unser Kind jetzt noch etwas für uns weiter tragen, was durchaus vorkommen kann, dann liegen dem Absprachen aus höherer geistiger Ebene zugrunde, die wir aus unserem Menschbewusstsein nicht übergehen können. Wenn wir bei dieser Übung unehrlich waren, also vielleicht gar nicht bereit sind, die Verantwortung für un-

ser Leben zu tragen, dann wird das Kind diese auch weiter tragen müssen. Wenn du dir hier unsicher bist, hole dir Hilfe.
Der nächste Punkt ist nun, die Schattenanteile von uns selbst aus unseren Kindern herauszuholen. Ich sage es hier gleich, das ist nicht einfach, aus verschiedenen Gründen. Wenn wir uns in unserem Leben belügen, eine Lebenslüge aufrechterhalten und sich dadurch ein Anteil von uns abgespalten hat, dann bekommen wir den nur zurück, wenn wir die Lebenslüge beenden. Manche Lebenslügen spielt man schon so lange, dass man sich derer gar nicht mehr bewusst ist. Auch hier ist es sinnvoll, sich Hilfe zu holen.

Hier nun die Auflösungsarbeit dazu, auch diese darf gerne wiederholt werden, wenn du das Gefühl hast, dass dies nötig ist. Bitte auch diese Arbeit für jedes Kind einzeln durchführen.

Lieber Erzengel Michael, ich bitte dich um einen geschützten Raum.

Göttliches Licht und göttliche Liebe durchfluten uns.

Ich bitte um Lichtsäulen für alle meine Anteile, die in meinem Kind sind.

Ich sende diesen Anteilen Licht und Liebe ...
(Konzentration auf Licht und Liebe)

Ich sende diesen Anteilen Licht und Liebe ...
(Konzentration auf Licht und Liebe)

Ich sende diesen Anteilen Licht und Liebe ...
(Konzentration auf Licht und Liebe)

Ich bitte die Engel, diese Anteile ins Licht zu führen, zu heilen, zu transformieren und dann zu mir zurückzubringen, so wie es im göttlichen Sinne richtig ist. Weigern sich Anteile von mir, mein Kind zu verlassen, so bitte ich darum, dass sie auf eine Schulungsebene gebracht werden, bis sie bereit sind, ins Licht zu gehen.

Ich bitte die Violette Flamme um Transformation und Reinigung unserer gesamten Systeme.
(3 Minuten Konzentration auf die Flamme)

Ich danke den Engeln für ihre Hilfe!

Begrenze dich bei diesen Energiearbeiten nicht mit der Zeit. Wenn ich diese Arbeiten führe, fühle ich, wann sie abgeschlossen sind. Nachdem du den Text vorgetragen hast, konzentriere dich weiterhin auf das Licht und die Liebe, die aus deinem Herzen fließen, so lange, bis du das Gefühl hast, dass es gut ist. Vertraue deinen Gefühlen!

Andere Konflikte mit den Ahnen

Alles, was wir bis hierhin mit unseren Ahnen aufgelöst haben, bezog sich ja meist auf bereits hinübergegangene Ahnen. Was ist denn mit den Konflikten und Problemen die wir mit den Ahnen haben, die noch unter uns weilen? Was ist mit den Konflikten mit Mutter und Vater, Oma und Opa?
Natürlich wirken die Übungen auch auf die noch lebenden Ahnen und Verwandten, aber das heißt nicht automatisch, dass sie dadurch gelöst sind.
Ich habe die Erfahrung gemacht, dass es ganz wichtig ist, sich mit den noch lebenden Verwandten auszusprechen.
Wir neigen dazu, zu viel in uns „reinzufressen", weil wir Angst vor dem Konflikt haben. Das liegt oft an einem gewissen Harmoniebedürfnis oder schlicht und ergreifend an der Angst. Angst, sie könnten einem nicht mehr lieb haben oder Angst, dass dann keine Zuwendungen mehr kommen. Auch die Angst vor der Stärke und der Kraft des anderen spielen eine große Rolle. Es gibt auch eine gewisse Angst, es kämen Dinge ans Tageslicht, die uns selbst nicht so gefallen könnten. Die Angst überschattet alles ...

Um wirklich frei zu werden, musst du durch die Angst hindurchgehen!

Es nutzt alles nichts, wenn wir wirklich frei werden wollen, führt kein Weg an einer Aussprache vorbei. Dabei ist es wichtig, zumindest mit der Absicht, in der Liebe

zu bleiben, in diese Aussprache zu gehen. Es ist niemandem geholfen, wenn du deine Wut, die du seit Jahrzehnten in dir aufgestaut hast herausbrüllst.
Umso wichtiger ist es aber, wirklich mal alles auszusprechen, was dir auf der Seele liegt. Denn es liegt da nicht einfach so herum, es belastet unter Umständen enorm. Wenn du Angst davor hast, eine solche Aussprache alleine zu führen, hole dir einen Helfer mit, der dir zu Seite steht, sich aber nicht einmischt.
Bitte die Engel und eure Helfer auf der Geistebene um Unterstützung und Führung.

Es spielt dabei keine Rolle, ob der Mensch, mit dem du dich aussprechen willst, darüber erfreut ist oder nicht. Es spielt auch keine Rolle, ob er danach nie mehr mit dir redet. Das ist sein Ego-Problem! Wichtig ist, dass du die Wahrheit ausspricht und dich selbst befreist!

Das gilt nicht nur für Konflikte mit den lieben Verwandten, es gilt auch für Konflikte am Arbeitsplatz, und mit Freunden. Wenn wir uns gegenseitig belügen oder nicht in der Wahrheit sind, hilft das niemanden. Es schafft neue Blockaden und Verstrickungen und fesselt uns. Wir wollen aber alle Fesseln loswerden, sonst können wir nicht wirklich frei werden!

Damit ist das Kapitel Ahnen fürs Erste abgeschlossen. Wenn du Probleme damit hast, diese Übungen alleine durchzuführen, oder du das Gefühl hast, alleine damit nicht klarzukommen, hole dir Hilfe.

Selbst bestellte Blockaden und Wesen

Bei Sitzungen stoße ich immer wieder auf Blockaden, die der Mensch sich, in einem seiner Leben, selbst bestellt hat. „Warum sollte man sich selbst Blockaden bestellen?“, werdet ihr euch fragen. Ich will dazu einige Beispiele geben.

Maria war im 17. Jh. Hebamme und Heilerin. Die Menschen jener Zeit sind ihr immer schon aus dem Weg gegangen, weil sie nicht verstanden haben, was und wie Maria heilt, sie kann es auch nur schwer erklären, es ist ihre Gabe. Lange Jahre geht das gut, eines Tages jedoch stirbt die Frau des Schlossherrn bei der Geburt ihres Kindes, Maria war die Hebamme, konnte jedoch nichts für die Frau tun. Der Schloßherr denunziert Maria als Hexe. Der Kirche war Maria sowieso schon ein Dorn im Auge, und so wurde sie auf dem Scheiterhaufen verbrannt.
Maria schwor sich, nie wieder als Heilerin/Hebamme tätig zu sein. Mehr noch, sie bittet die Wesen, die sie zuvor bei ihrer Heilarbeit unterstützt haben, sie unter allen Umständen daran zu hindern, je wieder eine Tätigkeit als Heilerin auszuüben.

Maria hat nun in diesem Leben eine Ausbildung als Krankenschwester begonnen und ist seitdem immer wieder krank, es passieren ihr merkwürdige Unfälle, so als würde etwas versuchen, sie davon abzuhalten, diesen Beruf zu erlernen.

Thomas möchte Gitarre spielen lernen, das Instrument hat ihn immer schon fasziniert, und nun versucht er, knapp über 40, das Spielen zu erlernen. Obwohl es ihm Spaß macht und er anfängliche Erfolge erzielt, kommt er nicht richtig weiter. Er kann sich keine Noten merken, die Akkord-Griffe scheinen unüberwindlich schwer zu erlernen und von einer Übungsstunde zur nächsten vergisst er wieder alles. Es kommt noch dicker, manchmal fühlt es sich so an, als würde jemand seine Hände festhalten, und beim Greifen eines Akkordes ist es, als würde er auf glühende Saiten drücken.

In einer Sitzung stellt sich heraus, dass er in einer Inkarnation Musiker war und Laute gespielt hat. Damit hat er vor allem die Damen betört, und ein eifersüchtiger Burgherr hat ihm beide Hände abschlagen lassen. Diese Erinnerung und die damit verbundenen Schmerzen und Ängste haben sich so tief eingeprägt, dass es ihm heute unmöglich ist, Gitarre spielen zu lernen. Zudem hat er sich selbst verboten, je wieder ein Instrument zu spielen und „sollte er es versuchen, so sollen ihn die Teufel daran hindern.“ (So seine Worte damals.)
Auch wenn er sich damals nicht wirklich bewusst war, was er damit angerichtet hat, so ist dies aber trotzdem voll wirksam.

Unwissenheit schützt nicht vor den Folgen der eigenen Handlungen!

Eine Frau ist beim Autofahren völlig orientierungslos, auch, wenn sie schon öfter an den gleichen Ort gefahren ist, ohne Navi ist sie verloren. Meist gehören solche und ähnliche Blockaden zu dem großen Haufen, den wir so hinnehmen und nicht weiter hinterfragen. Wir nennen sie dann Unzulänglichkeiten oder stempeln die Person, oder sie sich selbst, als dumm ab.

In einer Sitzung stellt sich heraus, dass diese Frau durch viele Inkarnationen hinweg immer wusste, wo es lang geht. Sie hatte ein intuitives Gespür für den richtigen Weg. Leider haben die anderen ihr nicht vertraut oder ihr keinen Glauben geschenkt. Sie wussten es immer besser und sind in ihr „Unglück" gerannt. Danach wurde sie beschuldigt, dieses „Unglück" herbeigerufen zu haben und wurde verstoßen oder getötet.
Da sich das immer wieder durch viele Inkarnationen hindurch wiederholte, war die Frau so frustriert, dass sie diese Gabe blockiert hat. Sie hat sich bestellt, dass sie nie wieder den Weg erkennen soll, und wenn sie anderen gute Ratschläge erteilen will oder andere sie nach dem Weg fragen, dann soll sie dafür blind sein.

Das waren jetzt drei Beispiele, die einen kleinen Einblick

in die Ursachen solcher selbst bestellter Blockaden und Wesen vermitteln sollen. Sicher fallen dir nun Dinge aus deinem Leben ein, wo etwas Ähnliches aktiv sein könnte.

Wir haben uns also durch viele Inkarnationen hindurch immer mal wieder eine Blockade erschaffen und gedankenlos Wesen beauftragt, uns an bestimmten Dingen zu hindern.

Das Universum ist derart, dass man das, was man sich wünscht, auch bekommt.

Ihr seht an diesen Beispielen, dass ausschließlich wir selbst für unsere jetzige Situation verantwortlich sind. Alles, was uns heute blockiert und behindert, haben wir auf irgendeine Art und Weise selbst erschaffen. Deshalb können wir es auch jetzt leicht selbst erlösen.

Ich bitte Erzengel Michael um einen geschützten Raum.

Göttliches Licht und göttliche Liebe durchfluten mich.

Hiermit widerrufe ich alle selbst bestellten Blockaden jedweder Art.

Ich widerrufe ... ich widerrufe ... ich widerrufe sie, und übergebe sie dem göttlichen Schmelztiegel der Lie-

be, wo sie sich so auflösen sollen wie es zu meinem höchsten göttlichen Wohle richtig ist.
(Konzentration auf Licht und Liebe)

Hiermit entlasse ich alle Wesen, ob selbst bestellt oder von anderen geschickt, die mich auf irgendeine Art und Weise blockieren oder behindern,

Ich danke euch für euren Dienst und entlasse euch in die Freiheit.

Ich entlasse hier auch explizit alle Wesen, denen ich gesagt habe, dies bei einer solchen Aufforderung nicht zu tun. Ich entlasse auch euch nun in die Freiheit.

Es ist!

Ich bitte die Engel, alle diese Wesen nach Hause zu bringen.
(Konzentration auf Licht und Liebe)

Ich bitte die Violette Flamme um Transformation und Reinigung meines gesamten Systems.
(3 Minuten Konzentration auf die Flamme)

Vielen lieben Dank!

Verbote und Erlaubnisse

Genauso wie wir uns Blockaden bestellt haben, so haben wir auch Verbote für uns selbst erlassen und uns die Erlaubnis, gewisse Dinge zu tun, entzogen.
Ich habe erkannt, dass es einen Unterschied macht, ob ich selbst bestellte Blockaden widerrufe oder Verbote, die ich mir selbst auferlegt habe.

Ich glaube, hier benötigen wir keine einzelnen Beispiele. Wir haben uns über die Jahrtausende unzählige Dinge verboten. Wir haben uns verboten zu lieben, frei zu sein, Freude zu empfinden, glücklich zu sein usw.
Die Gründe dafür waren Enttäuschungen, Geschehnisse, für die wir uns selbst die Schuld gaben, oder aber wir wurden in eine Familie oder in einen Clan geboren, der uns das auferlegt hat.
Alle diese Verbote wollen wir nun auflösen und uns anschließend alles erlauben, was uns gut tut.

Lieber Erzengel Michael, ich bitte dich um einen geschützten Raum für die folgende Auflösungsarbeit.

Göttliches Licht und göttliche Liebe durchfluten mich.

Hiermit widerrufe ich alle Verbote, die ich über mich selbst verhängt habe und die mir nicht mehr zu meinem höchsten göttlichen Wohle dienen.

Ich widerrufe ... ich widerrufe ... ich widerrufe sie und übergebe sie dem göttlichen Schmelztiegel der Liebe, wo sie sich so auflösen sollen, wie es zu meinem höchsten göttlichen Wohle richtig ist.
Ich lasse nun endgültig und für alle Zeiten diese Informationen aus meinem System los, sie sind nicht mehr relevant, vorbei und vergessen, für immer aus meinem System gelöscht, so sei es für die Ewigkeit, Amen!

Ich bitte die Violette Flamme um Transformation und Reinigung meines gesamten Systems.
(3 Minuten Konzentration auf die Flamme)

Vielen Dank!

Und nun erlaube dir alles, was gut für dich ist, ich gebe dir ein paar Dinge vor.

Hiermit erlaube ich mir, zu lieben und die Liebe anzunehmen.

Hiermit erlaube ich mir, in Leichtigkeit zu leben.

Hiermit erlaube ich mir, Freude zu empfinden und auszudrücken.

Hiermit erlaube ich mir, mich selbst zu lieben und wertzuschätzen.

Hiermit erlaube ich mir, andere Menschen zu heilen. Hiermit erlaube ich mir, andere Menschen so anzunehmen, wie sie sind.

Hiermit erlaube ich mir, ...

Hiermit erlaube ich mir, ...

Hiermit erlaube ich mir, ...

Ich bin, es ist ... ich bin, es ist .... ich bin, es ist!

Damit hast du nun einen großen Schritt in Richtung Freiheit getan. Du kannst diese Übung so oft du möchtest wiederholen, wenn du das Gefühl hast, dass es nötig ist oder dir noch etwas eingefallen ist, was du dir erlauben möchtest.

Beobachte dich selbst im täglichen Leben und reflektiere, ob du so handelst, weil es gut für dich ist oder weil du dir eventuell etwas verboten hast.

Alle Verbote, die du aufgelöst hast, brauchst du dann auch nicht mehr an deine Kinder weiterzugeben. Alles, was du dir erlaubt hast, verbietest du ihnen auch nicht mehr. Sie werden es dir danken.

Übrigens, wenn du sagt „Ich bin“ erkennst du an, dass du ein Teil von Gott bist und mit „es ist“ bekräftigst du das!

Flüche und Verwünschungen

Viele Menschen schieben Flüche ins Reich der Märchen und Fabeln, können sich überhaupt nicht vorstellen, dass so etwas eine Wirkung haben könnte oder es gar existiert.
Leider ist dem nicht so, auch heute noch ist es an der Tagesordnung, dass Menschen, anderen Menschen etwas Schlechtes wünschen. Auch das ist ein Fluch.
Wenn man beim Autofahren dem Typ vor einem wünscht, er solle doch in den Graben fahren, damit man endlich vorbeikommt, ist das eine Energie, die man erzeugt und die sich negativ auf diesen Menschen auswirkt. Man kann dies Fluch oder Verwünschung nennen.
Es gibt heute Menschen, die machen dies professionell und im Kundenauftrag. In manchen südlichen Ländern ist das an der Tagesordnung, dort geht man zu einer Frau oder einem Mann, der dann für 100 Euro jemanden verflucht. Das ist dann oft ein Nebenbuhler oder eine Nebenbuhlerin.
Die Wirkung einer solchen Tat ist immer gegeben, denn wir leben in einem polaren Universum, es gibt Licht und Schatten, und es gibt Engel, die lichte Absichten haben, und es gibt dunkle Wesen, die dunkle Absichten haben.
Letztendlich ist es der Mensch selbst, der entscheidet, mit welcher Seite er es zu tun haben möchte.
Beginnen wir damit, alle Flüche usw. aufzulösen, die wir in diesem und in allen anderen Leben ausgesprochen oder veranlasst haben.

Lieber Erzengel Michael, ich bitte dich um einen geschützten Raum für die folgende Auflösungsarbeit.

Göttliches Licht und göttliche Liebe durchfluten mich.

Hiermit widerrufe ich alle Flüche, Verwünschungen, schwarzmagischen Dinge und alles weitere in dieser Art, die ich gegen andere und gegen mich selbst ausgesprochen oder in Auftrag gegeben habe.

Ich widerrufe ... ich widerrufe ... ich widerrufe sie!
(Konzentration auf Licht und Liebe)

Ich bitte die Violette Flamme um Transformation und Reinigung meines gesamten Systems.
(3 Minuten Konzentration auf die Flamme)

Ich bin, es ist ... ich bin, es ist .... ich bin, es ist!

Damit haben wir alles widerrufen, was wir gegen andere und uns selbst gerichtet hatten. Jetzt gibt es ja noch die Flüche, die auf uns lasten, die andere gegen uns gerichtet haben. Da das höhere Bewusst-Sein immer mächtiger ist als ein niederes Bewusst-Sein, können wir diese Flüche mit Hilfe unserer geistigen Helfer zurückweisen.
An dieser Stelle möchte ich zum ersten Mal in diesem Buch Erzengel Zadkiel bitten, uns zu helfen. Er ist der Erzengel des 7. Göttlichen Strahles, wie in dem Kapitel über die Violette Flamme beschrieben.

Lieber Erzengel Zadkiel, ich bitte dich um einen geschützten Raum für die folgende Auflösungsarbeit und um Hilfe bei der Auflösung der Flüche, die gegen mich gerichtet sind.

Göttliches Licht und göttliche Liebe durchfluten mich.

Ich bitte darum, dass alle Flüche, Verwünschungen, schwarzmagischen und nicht-lichtvollen Energien und alles weitere in dieser Art, die gegen mich gerichtet sind, zurückgewiesen werden.

Ich bitte darum, dass ich voll und ganz von diesen Energien befreit werde und dass diese Energien aufgelöst werden.

Licht und Liebe lösen alle diese Energien auf ...
(Konzentration auf Licht und Liebe)

Licht und Liebe lösen alle diese Energien auf ...
(Konzentration auf Licht und Liebe)

Licht und Liebe lösen alle diese Energien auf ...
(Konzentration auf Licht und Liebe)

Alle Wesen, die nach wie vor solche Energien auf mich absenden, sollen eine Lichtsäule erhalten. Ich bitte die Engel, diese Wesen ins Licht zu führen. Wenn sie sich weigern, sollen sie auf eine Schulungsebene gebracht werden, bis sie bereit sind ins Licht zu gehen.

Licht und Liebe zu all diesen Wesen ...
(Konzentration auf Licht und Liebe)

Ich bitte die Violette Flamme um Transformation und Reinigung meines gesamten Systems.
(3 Minuten Konzentration auf die Flamme)

Ich danke den Engeln und Erzengel Zadkiel für ihre Hilfe!

Verzeihen und Entschuldigen

Jetzt kommen wir zu einem weiteren sehr machtvollen Werkzeug. Wenn wir uns für alle unsere Taten, Worte und Gedanken entschuldigen und die betroffenen Wesen um Verzeihung bitten und dies für unser gesamtes Raum-Zeit-Kontinuum tun, setzt das enorme positive Energien frei!

Mit dem Ausdruck Raum-Zeit-Kontinuum will ich alle Ebenen unseres Seins erfassen. Wir sind ja nur gerade im Moment als Mensch inkarniert, aber wir waren schon im gesamten Universum und darüber hinaus inkarniert. Um ehrlich zu sein, wir sind jetzt gleichzeitig in vielen Inkarnationen zugange, denn Zeit existiert nur hier auf unserer Ebene. Wir müssen uns das nicht vorstellen können, es genügt, es zu glauben, ja es genügt sogar, wenn wir es nur in Erwägung ziehen, dass dies möglich ist.

Wenn wir uns also bei allen Wesen in unserem gesamten Raum-Zeit-Kontinuum entschuldigen und um Verzeihung bitten, setzt das wirklich eine enorme positive Wirkung frei. Wir müssen es aber wirklich aus ganzem Herzen aufrichtig wollen.

Direkt im Anschluss verzeihen wir allen Wesen, die uns etwas angetan haben.

Zum Schluss verzeihen wir uns dann selbst, alles, was wir an nicht lichtvollen Dingen getan haben, auch

immer für unser gesamtes Raum-Zeit-Kontinuum.
Dieser Themenblock hat bei meinen Sitzungen mit Menschen schon wahre Wunder bewirkt.
Das Ganze hat außerdem Auswirkungen auf die Übungen zuvor. Haben wir einem Wesen großen Schaden zugefügt und es hält sich deshalb in unserem Energiesystem auf und behindert uns dort, so kann es nach einer aufrichtigen Entschuldigung im Frieden ins Licht gehen.
Nicht zuletzt betrifft es auch unsere aktuelle Inkarnation, hilft es doch auch hier, mit bestimmten Menschen Frieden zu schließen!

Lasst uns nun beginnen, macht diese Übung ganz bewusst mit voller Aufmerksamkeit, Aufrichtigkeit und Achtsamkeit!

Ich bitte Erzengel Michael um einen geschützten Raum.

Göttliches Licht und göttliche Liebe durchfluten mich.

Hiermit entschuldige ich mich bei allen Wesen in meinem gesamten Raum-Zeit-Kontinuum für alles, was ich ihnen angetan habe, sei es durch Worte, Taten, Gedanken oder in meinem Auftrag.
Ich entschuldige mich bei euch aus ganzem Herzen, sende euch Licht und Liebe und bitte euch um Verzeihung!

Ich sende euch Licht und Liebe ...
(Konzentration auf Licht und Liebe)

Ich sende euch Licht und Liebe ...
(Konzentration auf Licht und Liebe)

Ich sende euch Licht und Liebe ...
(Konzentration auf Licht und Liebe)

Hiermit verzeihe ich allen Wesen in meinem gesamten Raum-Zeit-Kontinuum, die mir etwas angetan haben, sei es durch Worte, Taten, Gedanken oder in ihrem Auftrag. Ich verzeihe euch aus ganzem Herzen und entbinde euch von jedweder Verpflichtung mir gegenüber.

Ich sende euch Licht und Liebe ...
(Konzentration auf Licht und Liebe)

Ich sende euch Licht und Liebe ...
(Konzentration auf Licht und Liebe)

Ich sende euch Licht und Liebe ...
(Konzentration auf Licht und Liebe)

Hiermit verzeihe ich mir selbst!

Ich verzeihe mir selbst alles, was ich an nicht lichtvollen Dingen in meinem gesamten Raum-Zeit-Kontinuum getan habe.

Ich verzeihe mir selbst aus ganzem Herzen ...
Licht und Liebe für mich ...
(Konzentration auf Licht und Liebe)

Licht und Liebe für mich ...
(Konzentration auf Licht und Liebe)

Licht und Liebe für mich ...
(Konzentration auf Licht und Liebe)

Ich bitte die Violette Flamme um Transformation und Reinigung meines gesamten Systems.
(3 Minuten Konzentration auf die Flamme)

Ich bin, es ist ..., ich bin, es ist ..., ich bin, es ist!

Jetzt spürt in euch hinein, spürt wie die Leichtigkeit und Freude sich ausbreiten. Spürt wie ihr der Freiheit wieder ein großes Stück näher gekommen seid.

Weitere Blockaden und Themen

In den Kapiteln zuvor haben wir nun sehr viele Energien, Blockaden und Wesen erlöst. Jedoch waren das alles allgemeine Dinge, die quasi jeder Mensch im Laufe vieler Inkarnationen angesammelt hat.
Vielleicht konnten nicht alle Energien, Blockaden und Wesen erlöst werden, weil dafür noch Erkenntnis- und Bewusstseinsarbeit in diesem Leben notwendig sind. Darüber hinaus gibt es noch eine Menge individueller Themen, die jeder mit sich herumschleppt. Diese sind so vielfältig wie es Menschen gibt und können nur schwer mit einem Buch bearbeitet werden, weil einfach die Interaktion mit dem Heiler fehlt.
Trotzdem kann jeder für sich daran arbeiten, und Vieles mit Hilfe der vorhergehenden Kapitel nochmal erneut angehen und erlösen. Hier ein paar Beispiele aus meinem Erfahrungsschatz, einfach, damit ihr einen Eindruck bekommt, was es so alles gibt.

Eine Frau hat seit Jahren immer wieder Probleme mit Behörden. Egal, um was es sich dreht, bei ihr geht alles schief. Formulare verschwinden, Fristen verstreichen, ohne dass sie darüber benachrichtigt wird. Der eigene Anwalt verlegt Papiere, Behörden treffen merkwürdige Entscheidungen. Die Frau ist verzweifelt, ihr Leben geht den Bach hinunter wegen der Bürokratie.

In der Sitzung zeigt sich dann eine Inkarnation, in der die Frau - als Mann, im Mittelalter - eine Art Stadtverwalter

war, der ein riesiges Buch mit Vorschriften erstellt hatte, um den Ablauf in der Stadt zu regulieren und in Bahnen zu lenken. Sein Antrieb war aber nicht das Wohl und die Ordnung, sondern, die Menschen unter Kontrolle zu halten und zu überwachen. Der Beginn der heutigen Bürokratie. Es kam noch „besser", dieses Buch wurde für andere Städte zum Vorbild. Die Knechtschaft der Bürokratie hatte begonnen, und die Frau hatte dafür eine große Ursache gesetzt. Nach dem kosmischen Gesetz, oder besser, Wirkprinzip von Ursache und Wirkung, musste sie jetzt mit den Auswirkungen ihrer erschaffenen Ursachen leben, wahrscheinlich ging es ihr schon viele Inkarnationen so wie heute.
Das bewusste Anschauen der Ursache brachte nun endlich die erhoffte Erkenntnis.

Sie hat sich bei allen Menschen entschuldigt, die unter ihren Vorschriften gelitten haben, auch wenn sie das schon zuvor global gemacht hatte, war es hier noch einmal nötig. Sie hat all den Menschen Licht und Liebe geschickt und sie um Verzeihung gebeten. Gemeinsam mit den Engeln haben wir dann noch Licht und Liebe durch diese Inkarnation fluten lassen, bis die Inkarnation geheilt und im Licht war.
Danach ging es der Frau deutlich besser, und alle Probleme mit Behörden haben sich in Luft aufgelöst.

Da es hier um die Einsicht ging, dass alle selbst gesetzten Ursachen irgendwann als Wirkung zu einem zurückkommen, konnte diese Geschichte nur über

die Einsicht und die Bewusst-Werdung aufgelöst werden.
Die Erfahrung hat gezeigt, dass nur sehr geübte Menschen eine solche Geschichte alleine auflösen können. Es erfordert zumindest eine Meditationspraxis und die Fähigkeit, Bilder zu sehen. Die Bitte, mit der man hier in die Meditationen gehen sollte, wäre z.B.: „Ich bitte darum, die Ursachen meiner Probleme mit der Bürokratie zu erfahren.“ Danach meditiert man so lange, bis es auf die eine oder andere Weise klar wird. Ungeübten Menschen bleibt hier nur der Gang zu einem Heiler oder einer Heilerin mit medialen Fähigkeiten.

Ein weiteres Beispiel:

Eine Mutter mit ihrer Tochter, die gesund geboren wurde, aber im Laufe der Jahre das Laufen und Sprechen verloren hat. Die Tochter saß mittlerweile im Rollstuhl und war unter einer ständigen starken Anspannung mit gelegentlichen Krämpfen. Es gab natürlich unzählige schulmedizinische Diagnosen, und jeder Professor hat eine neue Diagnose erstellt und neue Medikamente verordnet, aber eigentlich wusste niemand genau, wie es zu ihrem Zustand kam, und der Zustand hat sich auch permanent verschlechtert. Natürlich wollte ich dieser jungen Frau helfen und in etlichen Sitzungen, bei denen ich viel lernen durfte, gab es immer wieder Hoffnung, dass nun endlich der Durchbruch geschafft wäre. Da das Mädchen nicht sprechen konnte, sprach ich in ihrem Namen die

Übungen und während der Sitzungen schien auch alles gut zu sein. In solchen Fällen muss ich das Hohe Selbst der Klientin um Erlaubnis bitten, denn sie selbst konnte sie mir ja nicht geben.
Ein paar Tage nach einer Sitzung verschlechterte sich aber der Zustand wieder, und so ging das eine ganze Weile hin und her, bis uns klar wurde, die junge Klientin holt sich die Blockaden immer wieder zurück. Alle Lasten der Ahnenlinie, die wir wegräumten, holte sie sich wieder zurück. Alle missqualifizierten Energien aus der Umgebung sog sie auf wie ein Schwamm, nachdem wir sie davon befreit hatten. Nun machte die Mutter auch einige Sitzungen, einerseits neugierig geworden, andererseits sicher auch um ihrer Tochter weiterzuhelfen. Insgesamt zogen sich die Behandlungen über ein ganzes Jahr; nach jeder Sitzung mit der Hoffnung, jetzt geht es bergauf.
Kurz bevor ich damit begann, dieses Buch zu schreiben starb das Mädchen. Sie schlief einfach friedlich in ihrem Bett ein, ohne vorherige Anzeichen.

Gemeinsam mit der Mutter ging ich in die Energie des Mädchens bzw. ihrer Seele, einfach weil die Mutter wissen wollte, ob sie Fehler gemacht hätte und ob es ihrem Kind jetzt gut ginge. Das waren sehr bewegte Minuten, wunderbare Energien des Friedens und der Liebe überströmten uns, und die Seele bedankte sich bei der Mutter und hat ihr liebevolle Worte übermittelt.

Diese Geschichte hat mich sehr tief bewegt, ich und viele weitere Menschen durften etliche Erkenntnisse daraus gewinnen und daran wachsen. Uns war danach klar: Das war ihr Weg. Sie hatte sich diesen Lebensweg genauso ausgesucht. Alle Menschen um sie herum sollten daran wachsen und lernen, ja sie sollten bewusster werden. Ein wunderbarer Akt der Liebe dieses Mädchens allen gegenüber, die sie kennen und an dem Prozess wachsen durften.

Ihr Leben hat für viele Menschen Heilung und Bewusst-Werdung gebracht. Das Mädchen konnte also mit dieser Inkarnation sehr viel bewegen, das war ihr Ziel und so war dies eine sehr erfolgreiche Inkarnation, wenn auch kein leichtes Leben.

Ein weiteres Beispiel:

Ein Mann kommt zu mir mit ständiger Müdigkeit, leichten Depressionen und Lebensängsten. Er war zuvor schon bei mir, und wir haben quasi alles aufgelöst, was in diesem Buch in den Kapiteln beschrieben wurde. Es ist bereits seine dritte Sitzung, und wir sind schon sehr weit gekommen. Wir sind also auf eine neue Zwiebelschale gestoßen. Was sich darunter verbirgt, kommt häufiger vor, als mir bis zu diesem Zeitpunkt klar war.
In der väterlichen Linie des Mannes gab es einen Urahn, der sehr jähzornig war. Über viele Jahre hat er dadurch ein dunkles Wesen erschaffen, das man Elemental nennt. Der Mann übergibt die Energien des Jähzorns an seinen Sohn weiter, der damit das Elemental weiter nährt, es wächst also.

So geht das über 8 Generationen, das Elemental ist mittlerweile sehr groß geworden und hängt nun an diesem Klienten und wartet auf Erlösung.
Diese konzentrierte missqualifizierte Energie zieht dem Mann Energie ab und lastet auf seinem Gemüt wie ein Elefant.
Nachdem das erkannt ist, bitten wir um eine Lichtsäule für dieses Wesen, senden ihm Licht und Liebe und bitten die Engel, es zu erlösen. Nach einigen Minuten führen die Engel dieses Wesen ins Licht.
Der Mann ist kurz darauf so fit, wie schon lange nicht mehr.
Nach diesen Elementalen aus den Ahnenlinien halte ich natürlich seit dieser Zeit immer Ausschau. Trotzdem sind sie oft erst nach mehreren Sitzungen sichtbar, dann wenn der Mensch dazu bereit ist, seine Themen anzuerkennen, zu bearbeiten und das Elemental ins Licht zu schicken.

Ein letztes Beispiel:

Ein Mann kommt mit starken Schmerzen auf den Schultern und Oberarmen, „schulmedizinisch austherapiert“, was so viel bedeutet wie unklare Erkrankung, aus medizinischer Sicht unheilbar.
Wir machen eine Sitzung, und ich entdecke eine Art Panzerung aus Metall auf seinen Schultern, die auch noch die Oberarme bedeckt. Hier muss ich sagen, dass diese Panzerung als Energie auf ihm lag, nicht physisch. Die Schmerzen jedoch waren physisch, genauso, als wäre die Panzerung vorhanden.

Ach leicht, denke ich und versuche, diese zu entfernen. Nichts geschieht.
Der Mann widerruft alles, was man sich so vorstellen kann an Eiden, Gelübden, Versprechen und Schwüren, entschuldigt sich bei allen Wesen, gegen die er je gekämpft hat usw. - nichts geschieht, die Panzerung bewegt sich nicht weg.
Ich gedulde mich und lasse Licht und Liebe in alle Ursachen fließen, die zu der Panzerung führen. Nach gut 20 Minuten erscheint neben dem Mann sein ehemaliger König, dem er ewige Treue geschworen hatte. Obwohl der Mann zuvor alle Gelübde, Eide und Schwüre widerrufen hatte, verlangte der König die Treue. Er war bei seinem Tod nichts ins Licht gegangen und klebte seitdem in jeder Inkarnation an seinem 1. Ritter.
Erst nachdem wir ihm lange Licht und Liebe schickten und ihm versicherten, dass es keinen strafenden Gott gibt, ging er mit den Engeln ins Licht.
Danach haben wir diese spezielle Inkarnation mit Licht und Liebe überflutet und irgendwann haben sich dann die Panzerungen auf den Schultern des Klienten aufgelöst.

An diesen Beispielen kann man die Vielschichtigkeit unserer eventuell vorhandenen Symptome und Blockaden erkennen. Diese kann man in der Regel nur mit einem Heiler oder einer Heilerin auflösen, es sei denn, man hat schon genügend Fähigkeiten und Erfahrung erlangt.
Ich will hier den Leser nicht überfordern, sicher lesen

auch viele Menschen dieses Buch, die sich mit diesen Themen noch nicht so intensiv befasst haben. Neben den Inkarnationen auf der Erde hatte jeder auch viele Inkarnationen auf anderen Welten. Auch von dort haben wir Themen mitgebracht, die hier nach Auflösung rufen. Wenn also bei diesen Auflösungsarbeiten Wesen erscheinen, die mit Menschen nichts gemeinsam haben, so sind wir nicht in einem Science-Fiction, sondern sehen der ganz normalen Realität ins Auge.
Davor braucht man auch keine Angst zu haben, die Themen sind auf allen Welten und Planeten letztendlich die gleichen wie auf der Erde.

Einweihungen

Das Thema Einweihungen liegt mir sehr am Herzen, denn es ist wichtig, dass man versteht, was da vor sich geht. Bei einer Einweihung öffnet ein Mensch bei einem anderen Menschen bestimmte Energiekanäle oder schließt ihn an eine bestimmte Energie an. Dazu werden manchmal Symbole und Schlüssel benutzt. Dies geschieht beispielsweise bei Einweihungen in verschiedene Heilsysteme.

Jeder, der einweiht, wurde selbst zuvor von einem Menschen eingeweiht, dieser wiederum wurde ebenfalls eingeweiht, und so geht das über Jahre, Jahrhunderte, ja manchmal vielleicht sogar Jahrtausende zurück. Wenn in dieser Kette ein einziger Mensch dabei war, der dunkle Absichten hatte, wie z.B. die Energie seiner Schüler für sich zu nutzen oder vielleicht einen Schattenanteil hatte, der sich da eingemischt hat, dann ist diese ganze Kette „verseucht". Mit „verseucht" meine ich, dass ab diesem Zeitpunkt in dieser Energie etwas Dunkles dabei ist, das immer fließt bzw. saugt und bei jeder Behandlung auf den Klienten übertragen wird.

Um ehrlich zu sein, ist wohl in jeder Einweihungskette jemand mit dieser Problematik dabei. Dadurch wird das System nach und nach immer weiter mit missqualifizierten Energien verunreinigt. D.h. trotz lichtvoller Absicht des Einzelnen, fließt immer diese Verunreinigung mit.

Hinzu kommt noch, dass die klassischen Symbole, die für die Einweihungen und bei Behandlungen benutzt

werden, heute gar nicht mehr zu den Energien und der Schwingung der Menschen passen.
Diese Erkenntnisse, die sich auf meine eigenen Erfahrungen und die Erfahrungen von mehreren Freunden stützen, haben mich zu dem Schluss kommen lassen, dass ein Mensch niemals einen anderen Menschen energetisch in irgendetwas einweihen sollte.

Das ist auch gar nicht nötig, denn jeder Mensch ist über sein Herz an die göttliche Quelle angeschlossen und wenn man diese Verbindung bewusst pflegt, dann fließen uns alle Energien zu, die wir brauchen, um beispielsweise einem anderen Menschen die Hände aufzulegen und Heilenergie fließen zu lassen.

Die einzige Instanz, der ich zutraue, so etwas durchzuführen, ist die lichtvolle, geistige Ebene, also Engel, Meister und Gott selbst.

Auf diversen Internetseiten kann man viel über Einweihungen nachlesen. Einige Seiten berichten von guten und schlechten Einweihungen und dass man selbst natürlich die gute benutzt und wie schwer es ist, die schlechte loszuwerden. Ja, auf einer Seite habe ich gelesen, dass es unmöglich sei, eine bestimmte Einweihung wieder loszuwerden.

Ich sage euch, es ist ganz einfach alle Einweihungen loszuwerden. Für Erzengel Michael und Erzengel Zadkiel ist das nur ein Fingerschnipp. „Bittet und es wird euch gegeben“, war nicht nur so dahingesagt,

es ist vielleicht die wichtigste Botschaft in der gesamten Bibel.
In der folgenden Auflösungsarbeit bitten wir einfach darum, und es wird geschehen.
Nimm dir Zeit, denn wir wollen nicht nur die Einweihungen löschen, sondern auch die verseuchten, also missqualifizierten Energien, die in dir sind, abfließen lassen.

Lieber Erzengel Michael, lieber Erzengel Zadkiel, ich bitte euch um einen geschützten Raum.

Göttliches Licht und göttliche Liebe durchfluten mich.

Ich bitte euch nun, alle Einweihungen in meinem gesamten Raum-Zeit-Kontinuum, die mir nicht zu meinem höchsten göttlichen Wohle dienen, aus meinem System zu entfernen, die Energien zu neutralisieren und mit Licht und Liebe aufzufüllen.

Bitte stellt in meinem gesamten Energiesystem wieder die höchste göttliche Ordnung her.

Licht und Liebe fließen durch mich ...
(3 Minuten Konzentration auf Licht und Liebe)

Licht und Liebe fließen durch mich ...
(3 Minuten Konzentration auf Licht und Liebe)

Licht und Liebe fließen durch mich ...

(3 Minuten Konzentration auf Licht und Liebe)

Ich bitte außerdem darum, dass alle missqualifizierten Energien aus meinem gesamten System jetzt in Mutter Erde abfließen.

Ich bitte Mutter Erde, diese Energien aufzunehmen und zu transformieren.

Licht und Liebe fließen durch mich ...
(3 Minuten Konzentration auf Licht und Liebe)

Licht und Liebe fließen durch mich ...
(3 Minuten Konzentration auf Licht und Liebe)

Licht und Liebe fließen durch mich ...
(3 Minuten Konzentration auf Licht und Liebe)

Ich bitte die Violette Flamme um Transformation und Reinigung meines gesamten Systems.
(3 Minuten Konzentration auf die Flamme)

Ich danke Mutter Erde, ich danke Erzengel Michael und Erzengel Zadkiel für ihre Hilfe.

Vielen Dank!

Nach dieser Arbeit solltest du das Buch zur Seite legen und mindestens einen Tag Pause machen. Die Energien, die hier unter Umständen bewegt wurden, können enorm sein.
Wenn du diese Art von Energiearbeit nicht gewohnt bist bzw. bisher wenig damit gearbeitet hast, kann auch eine länger Pause nötig sein. Immerhin soll ja in deinem gesamten Energiesystem die höchste göttliche Ordnung wieder hergestellt werden.

Abgespaltene Anteile

Ich hatte es bereits bei den Ahnen angesprochen: Schattenanteile sind energetische Anteile eines Menschen. Es gibt viele Gründe, warum wir sie abspalten. Leben wir beispielsweise unser Leben nicht so, wie wir es gerne leben möchten, dann spalten wir Anteile von uns selbst ab. Belügen wir uns selbst oder unterdrücken Gefühle, kehren wir unsere Themen unter den Tisch oder versuchen, Geschehnisse ein Leben lang zu vergessen, oder glauben wir, etwas nicht ertragen zu können, so sind das alles Ursachen für das Abspalten von Anteilen unseres Selbstes.

Wir sind nicht mehr ganz, haben nicht mehr „alle beisammen." Ich nenne diese Anteile Schattenanteile, weil dies alles Anteile sind, die ein Schattendasein führen. Diese Anteile sind nicht zu kontrollieren, sie haben ein Eigenleben und können uns selbst und anderen das Leben schwer machen, um es gelinde auszudrücken. Außerdem existieren sie über unseren physischen Tod hinaus weiter, und sind bei unserer nächsten Inkarnation wieder zur Stelle. Ich habe bei vielen Menschen und auch bei mir selbst „mächtige" Schattenanteile entdeckt, die uns das Leben wirklich vermiesen können.

Ich habe bisher noch keinen Menschen kennengelernt, der keine Schattenanteile hatte. Da wir sie meist nicht selbst bemerken, ja uns nicht einmal vorstellen können, dass es sie gibt, suchen wir auch nicht danach. Sie sind einfach da und beeinflussen unbewusst unser Leben und das Leben unserer Mitmenschen.

Wir werden gleich eine Übung machen, um unsere eigenen Schattenanteile ins Licht zu führen, und sie dann wieder in uns integrieren, denn es sind ja Teile von uns.

Um zu verhindern, dass sich nach und nach wieder Anteile abspalten kann ich hier „nur“ Tipps geben, tun kann ich es für dich nicht:

Lebe dein Leben so, dass es dir Freude macht.

Verbiege dich nicht über die Maßen für andere.

Erkenne an, dass du die wichtigste Person in deinem Leben bist und handele danach.

Lass all deinen Gefühlen freien Lauf, schau sie dir bewusst an, bloß nichts unterdrücken!

Lass all deinen lichtvollen Neigungen freien Lauf, auch hier bitte nichts unterdrücken!

Nimm dich ganz so an, wie du bist!

Versuche nicht, anderen zu gefallen,
damit dienst du nur ihren Egos!

Frage dich, ob du glücklich bist. Kannst du die Frage mit „Ja“ beantworten, ist alles gut. Antwortest du mit „Nein“, ändere so lange dein Leben, bis du „Ja“ sagen kannst.

Kehre nichts unter den Teppich. Alles, was auf dich zukommt, will bearbeitet werden. Achte generell auf alles, was auf dich zukommt. Es hat etwas mit dir zu tun und will dir helfen, deine Themen zu erkennen und zu bearbeiten.

Mit allem, was du tust, füge keinem anderen Wesen Schaden zu!

Wenn du erkennst, dass du in irgendeinem der obigen Punkte nicht lichtvoll handelst oder dunkle Neigungen hast, hole dir Hilfe bei einem Heiler oder einer Heilerin!

Wenn du diese Punkte in deinem Leben beachtest, kannst du es schaffen, dass sich keine Anteile von dir abspalten. Du musst aber wachsam bleiben und dich ständig beobachten und hinterfragen. Nicht einfach, ich weiß!
Nun kommen wir zu der Übung, mit der du deine Anteile einsammeln kannst! Auch hier musst du dir wieder Zeit nehmen und deinen geistigen Helfern die Möglichkeit verschaffen, deine Schwingung so weit zu erhöhen, dass alle Anteile aufgesammelt und reintegriert werden können. Diese Übung kann heftig sein. Unter Umständen ist sie mit körperlichen Schmerzen verbunden. Das ist dann ein Teil dieses Prozesses und braucht dich nicht zu beunruhigen.

Auch diese Arbeit darfst du gerne wiederholen, vertraue dabei auf deine Gefühle!

Lieber Erzengel Michael, ich bitte dich um einen geschützten Raum in einer Lichtpyramide.

Göttliches Licht und göttliche Liebe durchfluten mich.

Ich bin im Zentrum der Pyramide, eine Lichtsäule geht durch mich durch und verbindet mich mit Himmel und Erde.
(3 Minuten Konzentration auf Licht und Liebe)

Ich bitte um eine Lichtsäule für jeden abgespaltenen Anteil von mir. Licht und Liebe soll sie durchfluten ...

Ich bitte die Engel, diese Anteile ins Licht zu führen.
Licht und Liebe für alle meine Anteile ....
(3 Minuten Konzentration auf Licht und Liebe)

Wenn es Anteile gibt, die sich weigern, ins Licht zu gehen sollen sie bitte auf eine Schulungsebene gebracht werden, bis sie dazu bereit sind.

Licht und Liebe für alle meine Anteile ....
(3 Minuten Konzentration auf Licht und Liebe)

Ich bitte nun darum, dass meine Anteile wieder in mir integriert werden und zwar so, wie es im göttlichen Sinne gut und richtig für mich ist.

Ich weiß, dies kann unter Umständen mehrere Wochen in Anspruch nehmen.

Licht und Liebe für alle meine Anteile ....
(3 Minuten Konzentration auf Licht und Liebe)

Licht und Liebe für alle meine Anteile ....
(3 Minuten Konzentration auf Licht und Liebe)

Licht und Liebe für alle meine Anteile ....

Ich bitte die Violette Flamme um Transformation und Reinigung meines gesamten Systems.
(Konzentration auf die Flamme)

Ich danke den Engeln für ihre Hilfe!

Nach dieser Arbeit solltest du das Buch zur Seite legen und wieder eine längere Pause machen. Die Energien, die hier unter Umständen bewegt wurden, können enorm sein. Wenn du müde bist, gib dem nach und schlafe so lange wie nötig. Diese Müdigkeit kann sich über Tage hinziehen. Sei nicht beunruhigt, das ist bei diesen Prozessen ganz normal, und du solltest dem unbedingt nachgeben und dich schonen.

Wenn du in nächster Zeit das Gefühl hast, dass etwas an dir hängt, ist es womöglich ein Seelenanteil von dir, der eine extra Einladung braucht. Sage dann:

Wenn dies ein Anteil von mir selbst ist, dann lade ich ihn jetzt ein und bitte darum, dass er in mein System integriert wird, sofern das im göttlichen Sinne richtig ist!

Seelenanteile zurückholen

Mit „Seelenanteilen“ meine ich Anteile von uns selbst, die in anderen Inkarnationen zurückgeblieben sind. Die Gründe dafür sind wieder vielschichtig. Es ist ganz ähnlich wie bei den Schattenanteilen, nur dass sie uns meist nicht aktiv beeinflussen. Sie fehlen uns aber, um vollkommen zu sein, deshalb ist es wichtig, auch diese Anteile zu uns zurückzuholen.

Hier einige Beispiele aus meinen Sitzungen, die verdeutlichen, wie es zu solchen Abspaltungen kommt.

Eine Frau wurde im Burgturm eingeschlossen, weil ihr Mann Angst hatte, sie würde ihn betrügen. Sie verbrachte nach ihrer Hochzeit ihr ganzes Leben in diesem Turm. Als sie starb, blieb ein Teil von ihr dort zurück, weil diese Erfahrung so schlimm für sie war.

Ein Mann war bei der Inquisition mitverantwortlich für die Verbrennung vieler Frauen und Männer. Als er im Sterben lag und sich seiner Taten das erste Mal bewusst wurde, bekam er einen Schock und hat sich anschließend geweigert, mit den Engeln ins Licht zu gehen aus Scham und Angst vor Bestrafung.
An dieser Stelle sei gesagt, dass es so etwas wie eine Bestrafung nicht gibt.

Auf Schlachtfeldern gibt es immer viele Seelenanteile, die dort zurückbleiben. Obwohl die Engel und viele weitere Helfer sich alle Mühe geben, die Seelen ins

Licht zu führen, gelingt das oft nicht direkt. Die Getöteten sind in einer Art Schock und kämpfen nach ihrem Tod einfach weiter. Hier braucht die geistige Ebene dann einen Menschen als Mittler, der ihnen Licht und Liebe schickt und um eine Lichtsäule bittet.

Generell ist es bei sogenannten Katastrophen so, dass viele Menschen einen Schock erleiden und dann an der Stelle des Geschehnisses bleiben. Ich habe das sehr oft in all den Jahren beobachten dürfen. Auch hier helfen, wie immer, Licht und Liebe, eine Lichtsäule und die Bitte an die Engel, diese Seelenanteile ins Licht zu führen.

Weitere Gründe für abgespaltene Seelenanteile sind vor allem auch noch religiöse Dogmen, die den Menschen eingetrichtert wurden. Die Angst vor dem strafenden Gott wird von den Seelenanteilen immer wieder als Grund dafür genannt, dass sie nicht ins Licht wollen. Ich kann mich an Fälle erinnern, bei denen ich über mehrere Tage immer wieder Licht und Liebe fließen ließ und den Anteilen versichert habe, dass es keinen strafenden Gott gibt. Oft hilft dann auch ein Ahne, der bereits hinübergegangen ist, Vater, Mutter, Opa, Oma, am besten, man bittet die Engel jemanden zu schicken, zu dem die Seele Vertrauen hat. Das hilft dann sehr oft, aber auch nicht immer. Am Ende siegen Liebe und Licht ... immer!

Jeder Seelenanteil, der nicht bei uns ist, fehlt uns auf die eine oder andere Art. Wir sind einfach nicht vollständig, und es fehlt uns der Erfahrungsschatz dieses Anteils. Wir können diese Anteile so ähnlich zurückholen wie in der Übung zuvor unsere Schattenanteile. An dieser Stelle sei nochmal erwähnt, dass man diese Übungen am besten in einer meditativen Haltung macht.

Lieber Erzengel Michael, ich bitte dich um einen geschützten Raum in einer Lichtpyramide.

Göttliches Licht und göttliche Liebe durchfluten mich.

Ich bin im Zentrum der Pyramide, eine Lichtsäule geht durch mich durch und verbindet mich mit Himmel und Erde.
(3 Minuten Pause)

Ich bitte um eine Lichtsäule für jeden abgespaltenen Seelenanteil von mir. Licht und Liebe soll sie durchfluten ...

Ich bitte die Engel, diese Anteile ins Licht zu führen.

Licht und Liebe für alle meine Seelenanteile ....
(3 Minuten Konzentration auf Licht und Liebe)

Wenn es Seelenanteile gibt, die sich nicht trauen ins Licht zu gehen, so schickt bitte jemanden, dem sie vertrauen, mit dem sie gerne mitgehen.

Licht und Liebe für alle meine Seelenanteile ....

(3 Minuten Konzentration auf Licht und Liebe)
Ich bitte nun darum, dass meine Seelenanteile durchlichtet und geheilt werden und wieder in mir integriert werden und zwar so, wie es im göttlichen Sinne gut und richtig für mich ist.

Ich weiß, dies kann unter Umständen mehrere Wochen in Anspruch nehmen.

Licht und Liebe für alle meine Seelenanteile ....
(3 Minuten Konzentration auf Licht und Liebe)

Licht und Liebe für alle meine Seelenanteile ....
(3 Minuten Konzentration auf Licht und Liebe)

Licht und Liebe für alle meine Seelenanteile ....
(3 Minuten Konzentration auf Licht und Liebe)

Ich bitte die Violette Flamme um Transformation und Reinigung meines gesamten Systems.
(Konzentration auf die Flamme)

Ich danke den Engeln für ihre Hilfe!

Nach dieser Arbeit solltest du wieder das Buch zur Seite legen und eine Pause machen. Wenn du müde bist, gib dem nach und schlafe so lange wie nötig. Diese Müdigkeit kann sich über Tage hinziehen. Sei nicht beunruhigt, das ist bei diesen Prozessen ganz normal, und du solltest dem unbedingt nachgeben und dich schonen.

Energietrenner

Bei meinen Sitzungen habe ich sehr häufig entdeckt, dass bestimmte Bereiche des Körpers von anderen durch Energien abgetrennt sind. Manche dieser Trenner erscheinen mir als mattschwarze Schieber, andere als metallisch glänzend und manche sehen einfach aus wie eine dunkle Energie.

Sie alle trennen den Energiefluss in unserem Körper, sodass bestimmte Bereiche nicht so versorgt werden können, wie es optimal wäre. Ich glaube, dass wir uns diese Energietrenner selbst eingebaut haben. Ähnlich den selbst bestellten Blockaden, war hier unser Antrieb, dass wir eingeschränkt sind. Wir haben uns selbst beschränkt, auf vielen Ebenen, um überhaupt in der dichten, niedrigen Schwingung existieren zu können.

Falls ich das zuvor noch nicht erwähnt habe, wir wollten das selbst so, um Erfahrungen zu sammeln, damit unsere Seele reifen kann.

Jetzt sind wir aber auf dem Weg zurück in immer höhere Schwingungsebenen, und da müssen wir diese Beschränkungen wieder loswerden. Auch dabei haben wir wieder viele Möglichkeiten, Erfahrungen zu sammeln und zu wachsen.

Die Dinger müssen also raus aus unserem Körper. Ich hatte es zuvor schon erwähnt, in all den Jahren haben sich bestimmte geistige Wesen für bestimmte Auflösungen gezeigt und sind seitdem in „meinem“ Helferteam. Beim Entfernen der Trenner und Energieblockaden bitte ich Lady Guinevere und Meister Salomon um Hilfe, sie sind Aufgestiegene MeisterInnen und die Lenker des 14. Göttlichen Strahles, Strahlenfarbe Violett-Opalisierend. Warum gerade sie hier helfen, kann ich nicht beantworten, aber sie tun es, und ich bin sehr froh darüber.

Während dieser Auflösung kann es sein, dass du ein Kribbeln spürst, das unter Umständen noch länger anhält. Das ist gut, denn die Energie kann nun wieder frei fließen. Wenn du nichts spürst, wurden die Trenner trotzdem entfernt.
Bitte gehe nun wieder in eine meditative Haltung.

Ich bitte Erzengel Michael um einen geschützten Raum für diese Arbeit.

Göttliches Licht und göttliche Liebe durchfluten mich.

Ich bin im Zentrum einer großen Lichtpyramide, ein Lichtstrahl geht durch mich durch und verbindet mich mit Himmel und Erde.

Ich bitte Lady Guinevere und Meister Salomon um Hilfe. Bitte entfernt in meinem gesamten System alle Energietrenner jedweder Art, die jetzt zur Auflösung bereit sind.

Licht und Liebe durchfluten mich ...
(3 Minuten Konzentration auf Licht und Liebe)

Licht und Liebe durchfluten mich ...
(3 Minuten Konzentration auf Licht und Liebe)

Licht und Liebe durchfluten mich ...
(3 Minuten Konzentration auf Licht und Liebe)

Ich bitte die Violette Flamme um Transformation und Reinigung meines gesamten Systems.
(Konzentration auf die Flamme)

Ich danke den Engeln für ihre Hilfe!

Damit sollten alle Energietrenner aus deinem System verschwunden sein, die jetzt zur Auflösung bereit waren. Evtl. gibt es noch welche, die jetzt noch nicht entfernt werden konnten, weil es dir sonst Schaden zugefügt hätte. Deshalb ist es sinnvoll, diese Übung in ein paar Monaten zu wiederholen.

Es ist einfach nicht möglich, alle Blockaden auf einmal aus einem Menschen zu entfernen, er würde das nicht verkraften und mit großer Wahrscheinlichkeit Schaden davontragen. Deshalb entfernen die geistigen Helfer sowieso nur die Blockaden, die jetzt anstehen, um entfernt zu werden.

Wichtig ist, dass du dich nicht selbst überforderst. Bitte mache nun wieder mindestens einen Tag Pause und lege das Buch zur Seite.

Implantate

Unter Implantaten verstehen wir Zahnimplantate oder ein neues Hüftgelenk und Ähnliches. Jede OP dieser Art, also bei der uns etwas eingesetzt bzw. ersetzt wird, was nicht natürlich ist, hinterlässt einen energetischen Abdruck.
Dieser Abdruck kann sich zu einem schmerzhaften Gefühl ausweiten, das nennt die Schulmedizin dann Phantomschmerzen.
Dabei sind das energetische Abdrücke bzw. Erinnerungen und Echos, aus all unseren Inkarnationen in denen wir an unserem Körper haben herumbasteln lassen bzw. selbst Hand angelegt haben.
Die Bandbreite ist dabei wieder einmal enorm. Hier eine kleine Zusammenfassung aus meinen Sitzungen:

Ein Mann klagte über Schmerzen in beiden Beinen, die Schulmedizin konnte keine Ursachen finden und schickt ihn mit der Diagnose Phantomschmerzen und einigen Tabletten nach Hause.
Er hatte seine Knochen und Sehnen, in einer Inkarnation auf einem anderen Planeten, durch kybernetische Teile ersetzen lassen, um leistungsfähiger zu sein.

Bei einigen Klienten, die über Augenschmerzen geklagt hatten, stellte sich heraus, dass sie ihre Augen haben ersetzen lassen durch kybernetische Augen, um besser sehen zu können. Das war auf dieser Welt, in der sie damals lebten, gerade „in“.

Bei den Vorstellungen von Inkarnationen auf anderen Welten sollten wir uns nicht begrenzen. Viele Menschen waren bereits in der ganzen Galaxie inkarniert und haben dort allerlei „merkwürdige“ Dinge getan und mit sich tun lassen. Offensichtlich kann man diese als Mensch auf der Erde besonders gut auflösen, anders kann ich mir nicht erklären, warum diese Dinge im Moment so aktiv auf sich aufmerksam machen. Vielleicht sind wir aber auch als Mensch einfach nur besonders sensitiv.

Es gibt also viele Implantate, die wir uns haben freiwillig einbauen lassen, um unsere Fähigkeiten zu verbessern.

Es gibt aber auch welche, die wurden uns gegen unseren Willen eingebaut. Beispielsweise hatte ich einen Klienten, der unter schlimmen Kopfschmerzen litt, auch er war „schulmedizinisch austherapiert“. Ohne starke Migränemittel konnte er den Tag nicht überstehen.
Ich erkannte ein Implantat, das ihm eingebaut wurde, um ihn zu kontrollieren, ihn zu steuern. In dieser Inkarnation auf einem fernen Planeten, gab es eine Sklavenrasse, die allesamt ein solches Implantat eingepflanzt bekam, um dem Willen ihrer Herren zu folgen.

Die meisten Implantate jedoch spüren wir nicht einmal, und wir wissen auch nicht, wie sie auf uns wirken.

Wer schon einmal Raumschiff Enterprise - Next Generation gesehen hat und sich an die Borg erinnert, bekommt einen guten Eindruck von Implantaten. Im Zweifel sucht mal in Google nach Borg und schaut euch dann die Bilder an.

Als ich mir der Implantate bewusst war, weil ich sie zuvor in mir selbst aufgespürt hatte, konnte ich sie anschließend auch bei meinen Klienten entdecken. So funktionierte das bei allen Themen hier im Buch. Nachdem ich Blockaden bei mir erkannt hatte, konnte ich sie bei meinen Klienten auch entdecken und auflösen.

Schon der erste Klient, bei dem ich danach schaute, hatte über 50 Implantate. Ich begann dann, eines nach dem anderen durch Handauflegen und Auflösen der Kausalitätenketten aufzulösen. Das war mir zu mühsam und hätte Stunden gedauert. Ich bat also die geistige Ebene um Hilfe.
Seit dieser Zeit helfen mir bei den Sitzungen die Einhörner beim Auflösen der Implantate. Für sie ist es ein Leichtes, mit ihrer Energie verschwinden sie binnen Minuten, sofern zuvor die Schwingung schon hoch genug war.
Das ist auch die eigentliche Herausforderung bei der folgenden Arbeit. Bevor die Einhörner uns helfen können, müssen wir die Schwingung unseres Körpers bis zu einem bestimmten Level anheben. Dies erreichen wir in einer meditativen Haltung und Geduld. Idealerweise hast du einen Raum, den du nur für meditative

Zwecke benutzt. In ihm sammelt sich im Laufe der Zeit die Energie an, und die Grundschwingung ist in diesem Raum dann schon höher. Alternativ hilft auch ein schöner Platz in der freien Natur, vielleicht mit einem Kraftbaum, der dir dabei helfen kann.
Am Ende der Übung rufen wir diesmal die Violett-Opalisierende Flamme des 14. Göttlichen Strahles um Hilfe, um uns zu reinigen. Der Unterschied zur Violetten-Flamme ist, dass diese auf galaktischer Ebene wirksam ist, was im Falle der Implantate sehr sinnvoll erscheint.
Hier nun also die Auflösungsarbeit.

Ich bitte Erzengel Michael um einen geschützten Raum.

Göttliches Licht und göttliche Liebe durchfluten mich.

Ich bin in einer großen Lichtpyramide. Ich liege im Zentrum und eine Lichtsäule geht durch mich durch und verbindet mich mit Himmel und Erde.

Ich bitte die Engel und alle lichten Wesenheiten mir zu helfen, meine Schwingung zu erhöhen.

Licht und Liebe durchfluten mich ....
(3 Minuten Konzentration auf Licht und Liebe)

Licht und Liebe durchfluten mich ....
(3 Minuten Konzentration auf Licht und Liebe)

Licht und Liebe durchfluten mich ....
(3 Minuten Konzentration auf Licht und Liebe)

Ich bitte die Einhörner alle Implantate in meinem System aufzulösen, die mir nicht zu meinem höchsten göttlichen Wohle dienen.
(mind. 3 Minuten Konzentration auf die Einhörner)

Ich bitte die Violett-Opalisierende Flamme um Transformation und Reinigung meines gesamten Systems.
(Konzentration auf die Flamme)

Licht und Liebe durchfluten mich ....
(3 Minuten Konzentration auf Licht und Liebe)

Licht und Liebe durchfluten mich ....
(3 Minuten Konzentration auf Licht und Liebe)

Licht und Liebe durchfluten mich ....
(3 Minuten Konzentration auf Licht und Liebe)

Ich danke allen meinen lieben Helfern und sende ihnen Licht und Liebe!

Nach dieser Arbeit solltest du wieder das Buch zur Seite legen und mindestens einen Tag Pause machen. Wenn du müde bist, gib dem nach und schlafe so lange wie nötig. Diese Müdigkeit kann sich über Tage hinziehen. Sei nicht beunruhigt, das ist bei diesen Prozessen ganz normal und du solltest dem unbedingt nachgeben und dich schonen.

Die Matrix

Was ich als „Matrix“ bezeichne ist eine Art Energiesystem oder Energienetz, in das viele Menschen verwoben oder angeschlossen sind.
Ich komme nochmal auf das Beispiel aus dem Kapitel zuvor zurück, die Borg aus der Serie Raumschiff Enterprise - Next Generation, hatten nicht nur etliche Implantate, sie waren auch energetisch mit einem Kollektiv verbunden. Dadurch wurden sie von einem einzigen Wesen kontrolliert und gesteuert und ihrer Identität vollkommen beraubt.
Diese Matrix hängt auch mit dem Massenbewusstsein der Menschheit zusammen, ist aber nicht das Gleiche.
Viele Menschen, nicht alle, sind an eine solche Matrix abgeschlossen und über ihre Gedanken und Taten wird das Massenbewusstsein der Menschheit beeinflusst.
Auch in dem gleichnamigen Film wird das verdeutlicht. Der Film suggeriert auch, dass die Matrix ewig weiter besteht und nur wenige Menschen daraus befreit werden.
Es ist immer wieder faszinierend, wie Filme diese Themen aufgreifen. Ich glaube, dass diese Filme bzw. die Ideen dazu von unseren Helfern auf der Geistebene inspiriert werden. Das ist eine gute Möglichkeit die Menschen mit diesen Themen vertraut zu machen.

Diese Matrix wurde von Wesen erschaffen, die uns vor langer Zeit als Sklaven, als Arbeiter missbraucht

haben. Über diese Matrix waren und sind die Menschen leichter zu lenken. Die Matrix hat ein bestimmtest Programm, das sie nach wie vor, den darin verwobenen Menschen, einspeist.
Es ist also wichtig, dass wir uns daraus lösen, um unsere Freiheit zu erlangen.
Hier sei auch gleich gesagt, dass du das nicht für andere Menschen machen darfst. Du benötigst ihre Erlaubnis, es sei denn, es handelt sich um deine Kinder, und dann musst die deren Hohes Selbst um Erlaubnis bitten.
Hier nun die Auflösungsarbeit, die wir mit Erzengel Zadkiel durchführen wollen.

Hiermit bitte ich Erzengel Zadkiel um einen sichern Raum für diese Arbeit.

Göttliches Licht und göttliche Liebe durchfluten mich.

Ich bitte dich, befreie mich aus der Matrix!

Löse alle Energien, die mich auf irgendeine Art und Weise mit der Matrix verbinden.

Ich bitte darum, dass diese Arbeit für mein komplettes Raum-Zeit-Kontinuum getan werden soll.

Vielen Dank, lieber Erzengel Zadkiel.

Damit bist du befreit, aus dieser Knechtschaft!

Da ich weiß, dass viele Menschen ihrer Familie helfen möchten, gebe ich hier einen Text vor, der im göttlichen Sinne richtig ist.

Hiermit bitte ich Erzengel Zadkiel um einen sichern Raum für diese Arbeit.

Ich bitte das Hohe Selbst von ... um Erlaubnis für diese Arbeit

Wenn die Erlaubnis erteilt wurde dann bitte ich darum dass ... aus der Matrix befreit wird und alle Energien, die ... auf irgendeine Art und Weise mit der Matrix verbinden aufgelöst werden..

Ich bitte darum, dass diese Arbeit für ... komplettes Raum-Zeit-Kontinuum getan werden soll.

Vielen Dank lieber Erzengel Zadkiel.

Damit kannst du arbeiten, ohne gegen kosmische Wirkprinzipien zu verstoßen.
Damit bist du nicht automatisch befreit von überholten und einengenden Gedanken, denn an diese hast du dich ja gewöhnt. Es liegt nun an dir neue Wege zu gehen!

Energieräuber

„Energieräuber“ ist mein Oberbegriff für alle Wesen oder Energien, die einem Menschen Lebensenergie absaugen, erst mal gleichgültig ob mit oder ohne unser Einverständnis.
Dabei gibt es viele verschiedene Arten, wie und wohin unsere Energie fließen kann.

Ich beginne hier mit den von mir am häufigsten beobachteten Ursachen.
Immer wieder habe ich Klienten in Sitzungen, die eine Art Schlauch - so nehme ich es wahr - in ihrem Herzchakra haben, der ihnen Energie absaugt. Der Schlauch endet dann im Herzchakra eines anderen Menschen. Warum passiert das?
Oft ist es in den Schwüren, Eiden, Gelübden usw. begründet. Wenn man in einer Inkarnation einem lieben Menschen versprochen hat, ihn immer zu unterstützen, egal, was er braucht, und er braucht jetzt Herzenergie, dann geschieht das jetzt so. Meist ist es auch tatsächlich die Herzenergie, die abgesaugt wird. In der heutigen Zeit die größte „Baustelle“ bei den meisten Menschen.
Hier genügt manchmal schon, die Auflösungsarbeit zu dem oben angesprochenen Thema durchzuführen. Oft genügt es aber nicht, meist dann, wenn zwischen diesen beiden Menschen noch mehr Themen unerlöst sind.
Es kann auch nichts schaden, sein eigenes Einverständnis bzw. die Erlaubnis, dass irgendjemand einem

Energie absaugen darf, zu widerrufen. Es gibt unzählige weitere Gründe, die so unterschiedlich sind, wie die Menschen selbst. Deshalb beschränke ich mich hier auf die gängigsten Problematiken.
Sehr oft ist es so, dass man einen Freund oder Lebenspartner hatte, der noch ein paar Sachen von uns besitzt und umgekehrt. Ich meine damit sowohl energetische als auch physische Gegenstände, die uns aneinander binden. Auch der angenommene Nachname gehört dazu.
Es ist dann erst mal wichtig, dass wir diese Gegenstände zurückfordern oder die eigenen Energien aus dem Gegenstand herausnehmen.
Die Energien, die der andere von uns hat, holen wir uns gleich zurück und geben auch alles, was wir von ihm haben, im Gegenzug zurück.
Sehr praktisch in diesem Zusammenhang ist die Übung mit der goldenen Acht, die ich hier im Anschluss noch vorstellen werde.
Beginnen wir nun mit der ersten Arbeit, bei der wir die Erlaubnis widerrufen, dass jemand von unseren Energien leben, sie absaugen oder sich in unserem Energiefeld aufhalten darf.
Im zweiten Schritt bitten wir dann Erzengel Michael, diese Verbindungen abzutrennen.
Am Ende soll uns dann wieder die Violette Flamme reinigen.

Ich bitte Erzengel Michael um einen geschützten Raum.

Göttliches Licht und göttliche Liebe durchfluten mich.

Hiermit widerrufe ich jedwede Erlaubnis, die ich erteilt habe, von mir und meinen Energien zu leben, meine Energien abzusaugen oder sich in meinem Energiefeld aufzuhalten.

Ich widerrufe ... ich widerrufe ... ich widerrufe!

Licht und Liebe durchfluten mich ....
(3 Minuten Konzentration auf Licht und Liebe)

Ich bitte Erzengel Michael jedwede Verbindung von oder zu mir zu lösen, die nicht meinem höchsten göttlichen Wohle dient.

Licht und Liebe durchfluten mich ....
(3 Minuten Konzentration auf Licht und Liebe)

Licht und Liebe durchfluten mich ....
(3 Minuten Konzentration auf Licht und Liebe)

Ich bitte die Violette Flamme um Transformation und Reinigung meines gesamten Systems.
(Konzentration auf die Flamme)

Ich danke Erzengel Michael und auch allen weiteren Helfern!

Jetzt machen wir eine weitere Arbeit, bei der wir alles zurückfordern, was andere von uns haben und selbst alles zurückgeben, was wir von ihnen haben. Damit sind in erster Linie Energien und energetische Pakete gemeint. Gleichzeitig nehmen wir alle unsere Energien aus den physischen Gegenständen, die vielleicht noch bei jemandem liegen und auch aus den Gegenständen von anderen, die bei uns im Regal oder sonstwo liegen.
Das ist sehr wichtig, sonst bekommen wir keine hundertprozentige Trennung etabliert.

Ich bitte Erzengel Michael um einen geschützten Raum.

Göttliches Licht und göttliche Liebe durchfluten mich.

Ich bitte jetzt nacheinander alle Personen in diesen geschützten Raum, die etwas von mir haben, das mir gehört und ihnen nicht zusteht.

Ich fordere dich auf, mir alles zurückzugeben, was mein ist, und ich gebe dir alles zurück, was dein ist.
(Gerne auch Namen aussprechen und für jede Person, die dir in den Sinn kommt, erneut aussprechen.)

Licht und Liebe durchfluten uns ....
(3 Minuten Konzentration auf Licht und Liebe)

Ich bitte Erzengel Michael diesen Vorgang zu überwachen, sodass auch wirklich alle Dinge zurückgegeben werden!

Ich bitte die Violette Flamme, alle meine Energien aus Gegenständen zu löschen, die bei anderen liegen.
Ich bitte die Violette Flamme, alle Energien in den Gegenständen zu löschen, die von anderen bei mir liegen.
(Konzentration auf die Flamme)

Licht und Liebe durchfluten mich ....
(3 Minuten Konzentration auf Licht und Liebe)

Ich bitte die Violette Flamme um Transformation und Reinigung meines gesamten Systems.
(Konzentration auf die Flamme)

Ich danke Erzengel Michael, der Violetten Flamme und allen weiteren Helfern!

Wiederhole diese Übung beliebig oft für Personen, Arbeitgeber, Institutionen usw., die dir im Laufe der Zeit noch einfallen.

Der zweite Schritt ist jetzt auch getan, kommen wir nun zur letzten Auflösungsarbeit in diesem Kapitel, der goldenen Acht.

Ich nehme diese Übung gerne für ganz hartnäckige

Fälle. Trotzdem gibt es energetische Verbindungen, die sich damit nicht lösen lassen. Dann ist meist noch ein Thema mit dieser Person unbearbeitet und bedarf der Erkenntnis und Bewusst-Werdung.
Auch diese Übung kannst du beliebig oft wiederholen, wenn dir im Laufe der Zeit noch weitere Personen einfallen, von denen du dich energetisch trennen möchtest.

Ich bitte Erzengel Michael um einen geschützten Raum.

Göttliches Licht und göttliche Liebe durchfluten mich.

Ich stehe in einer Schleife einer goldenen Acht.

Er oder sie (Namen einsetzen bitte) steht in der anderen Schleife der goldenen Acht.

Ich gebe dir nun alles zurück, was ich noch von dir habe!
Licht und Liebe durchfluten uns ....
(Konzentration auf Licht und Liebe)

Ich fordere von dir alles zurück, was du noch von mir hast!
(Konzentration auf Licht und Liebe)

Wenn alles zwischen uns ausgetauscht ist, bitte ich Erzengel Michael, die Acht zu durchtrennen und zwi-

schen uns einen Vorhang herunterzulassen, der uns energetisch für immer abtrennt.
(3 Minuten Konzentration auf Licht und Liebe)

Ich bitte die Violette Flamme um Transformation und Reinigung meines gesamten Systems.
(Konzentration auf die Flamme)

Ich danke Erzengel Michael für seine Hilfe.

In vielen Sitzungen habe ich festgestellt, dass es aber auch oft so ist, dass man sich selbst an irgend jemand oder an eine Energie klammert. Das geschieht oft unbewusst, man glaubt, dass man einen anderen Menschen oder eine Energie braucht, um etwas im Leben bewältigen zu können.
Hier muss jedem bewusst werden, dass man für seine Themen und Lernaufgaben selbst ganz alleine verantwortlich ist. Hat man einen Partner oder Freunde, die einem unterstützen, dann ist das gut so, jedoch sollten keine Verbindungen bestehen, bei denen man sich an deren Energie bedient.
Jedem Menschen stehen alle Energien, die er benötigt zur Verfügung. Wir bekommen sie von Gott und seinen Helfern!

Natürlich ist es auch hier wieder so, dass viele dieser Verbindungen aus anderen Inkarnationen übrig geblieben sind und uns heute sowieso mehr behindern als nutzen.

Mit der anschließenden Übung entbindest du dich selbst von allen Wesen und Energien, die nicht zu deinem oder deren höchstem göttlichen Wohle dienen.

Ich bitte Erzengel Michael um einen geschützten Raum.

Göttliches Licht und göttliche Liebe durchfluten mich.

Hiermit entbinde ich mich von allen Wesen und Energien, die nicht zu meinem oder deren höchsten göttlichen Wohle dienen.

Ich entbinde, ich entbinde, ich entbinde mich!

Ich bitte die Engel, die Energien zwischen uns, in die göttliche Ordnung zu bringen.
(Konzentration auf Licht und Liebe)

Ich bitte die Violette Flamme um Transformation und Reinigung meines gesamten Systems.
(Konzentration auf die Flamme)

Ich danke den Engeln für ihre Hilfe!

Mit diesen Übungen sollte es dir möglich sein, dich weitestgehend zu befreien. Wenn du fühlst, dass da noch eine Verbindung zu jemandem besteht, versuche es weiter, klappt es nicht, suche einen Heiler oder eine Heilerin auf, die dir hier helfen können.

Zu dieser Thematik gibt es eine Meditations-CD, die ich empfehlen kann. Die CD ist von meinem Freund und Kollegen Horst Leuwer und hat den Titel: **Meditationen zur Energietrennung**, erschienen im Verlag Das Goldene Tor.

Besetzungen, Parasiten, Symbionten

Ich weiß, dass dies für viele undenkbar ist und sie es ins Reich der Science-Fiction und Fantasy abtun. Wer hier nicht mehr mitgehen kann oder will, der lässt das Kapitel einfach aus.

Für alle anderen erkläre ich erst einmal, was mit den einzelnen Ausdrücken der Überschrift gemeint ist. Diese sind hier in einem Kapitel zusammengefasst, weil sie alle von derselben Wesenheit entfernt werden können.

Ein Mensch hat eine Besetzung, wenn ein anderes Wesen oder ein Teil eines anderen Wesens sich in seinem physischen Körper aufhält.
Die Gründe dafür sind oft, dass wir diese Wesen eingeladen haben, allerdings unter Umständen auf einer ganz anderen Welt, vielleicht sogar mit der Intension davon zu profitieren. Oder wir haben einen Vertrag mit ihnen abgeschlossen, sie dürfen sich in uns aufhalten, dafür haben wir irgendwo und irgendwann etwas von ihnen erhalten. Oder es sind tatsächlich bösartige Wesen, mit denen wir mal etwas zu tun hatten und die uns gewaltsam besetzt haben.
Da wir in den Kapiteln zuvor bereits die meisten Ursachen, die dazu führen können, bearbeitet haben, ist es nun leichter, sie loszuwerden.

Auch die Parasiten, die ich bisher gesehen habe, waren alle aus Inkarnationen aus anderen Welten. Das

sind Wesen, die irgendwo in unserem Köper angedockt haben und von unseren Energien leben.
Um sie loszuwerden, haben wir ebenfalls in den Kapiteln zuvor die Vorarbeit geleistet.

Die Symbionten sind auch meist aus Inkarnationen aus anderen Welten, die haben wir fast immer dazu eingeladen in uns zu sein, im Gegenzug für ihre Hilfe. Heute als Mensch auf der Erde behindern uns diese Wesen, und es ist ratsam, auch von ihnen frei zu werden.
Eine Symbiose zweier Lebewesen dient ja beiden, sodass wir hier auf diese Wesen nicht böse sein sollten, irgendwann, irgendwo haben wir dem zugestimmt.
Da wir auch hier bereits Vorarbeit geleistet haben, können wir gleich mit der Auflösungsarbeit beginnen.

Als ich mir das erste Mal bewusst wurde, dass ich eine Besetzung habe, war mir ziemlich elend zumute, auch weil ich keine Ahnung hatte, wie ich sie loswerden sollte. Das erste Wesen, das ich in mir entdeckte, war eine Art Alien (wie die aus dem Film Alien), das zusammengerollt in meiner rechten Gehirnhälfte saß. Da ich es sehr gut fühlen konnte und es unbedingt auch schnell loswerden wollte, bat ich natürlich die Engel um Hilfe. Es erschien eine Wesenheit, die sich Seraphina nennt, ein sehr machtvoller Engel aus den ganz hohen Lichtwelten.
Sie kam mit einem Körbchen in der Hand und hat sowohl dieses Alien, als auch viele weitere Wesen in mir nacheinander eingesammelt. Das hat relativ lange

gedauert und eine sehr hohe Schwingung vorausgesetzt. Ich saß sehr lange in einer Lichtsäule und ließ Licht und Liebe fließen, bis sie in der Lage war, mich zu erreichen.
Damit will ich auch sagen, dass in der folgenden Übung Geduld angesagt ist, Geduld, um die Schwingung auf das benötigte Maß anzuheben.
Wenn dir die Erfahrung oder die Geduld dazu fehlt, dann kannst du es mit mehreren Menschen gemeinsam versuchen, denn dann potenziert sich die Energie, und die Schwingung steigt schneller auf ein hohes Niveau, als wenn man alleine arbeitet.

Hier nun die Übung:

Ich bitte Erzengel Michael um einen geschützten Raum.

Göttliches Licht und göttliche Liebe durchfluten mich.

Ich bin in einer großen Lichtpyramide, im Zentrum steht der göttliche Schmelztiegel der Liebe. Ich bade darin.

Eine Lichtsäule geht durch mich durch und verbindet mich mit Himmel und Erde.

Ich bitte nun die Engel, die Aufgestiegenen Meister und Meisterinnen und Helios & Vesta mir zu helfen, meine Schwingung zu erhöhen.

(Mindestens 5 Minuten Konzentration auf die Lichtpyramide und die Lichtsäule)

Licht und Liebe durchfluten mich ...
(3 Minuten Konzentration halten)

Licht und Liebe durchfluten mich ...
(3 Minuten Konzentration halten)

Licht und Liebe durchfluten mich ...

Ich bitte nun Seraphina, alle Wesen, die mich besetzen, alle Parasiten, Symbionten und alles weitere in dieser Art aus mir zu entfernen und alle nach Hause zu bringen, so wie es zu meinem höchsten göttlichen Wohle richtig ist!
(Konzentration halten, so lange du es für richtig hältst bzw. das Gefühl hast, dass es jetzt gut ist.)

Ich bitte die Violette-Opalisierende Flamme um Transformation und Reinigung meines gesamten Systems.
(Konzentration auf die Flamme)

Ich danke Seraphina und allen anderen Wesen, die mir hier geholfen haben.

Vielen Dank!

Jetzt solltest du dich ausruhen, dein Körper braucht nun wieder Zeit zur Regeneration.

Reinigung und Energetisierung der Energiekörper

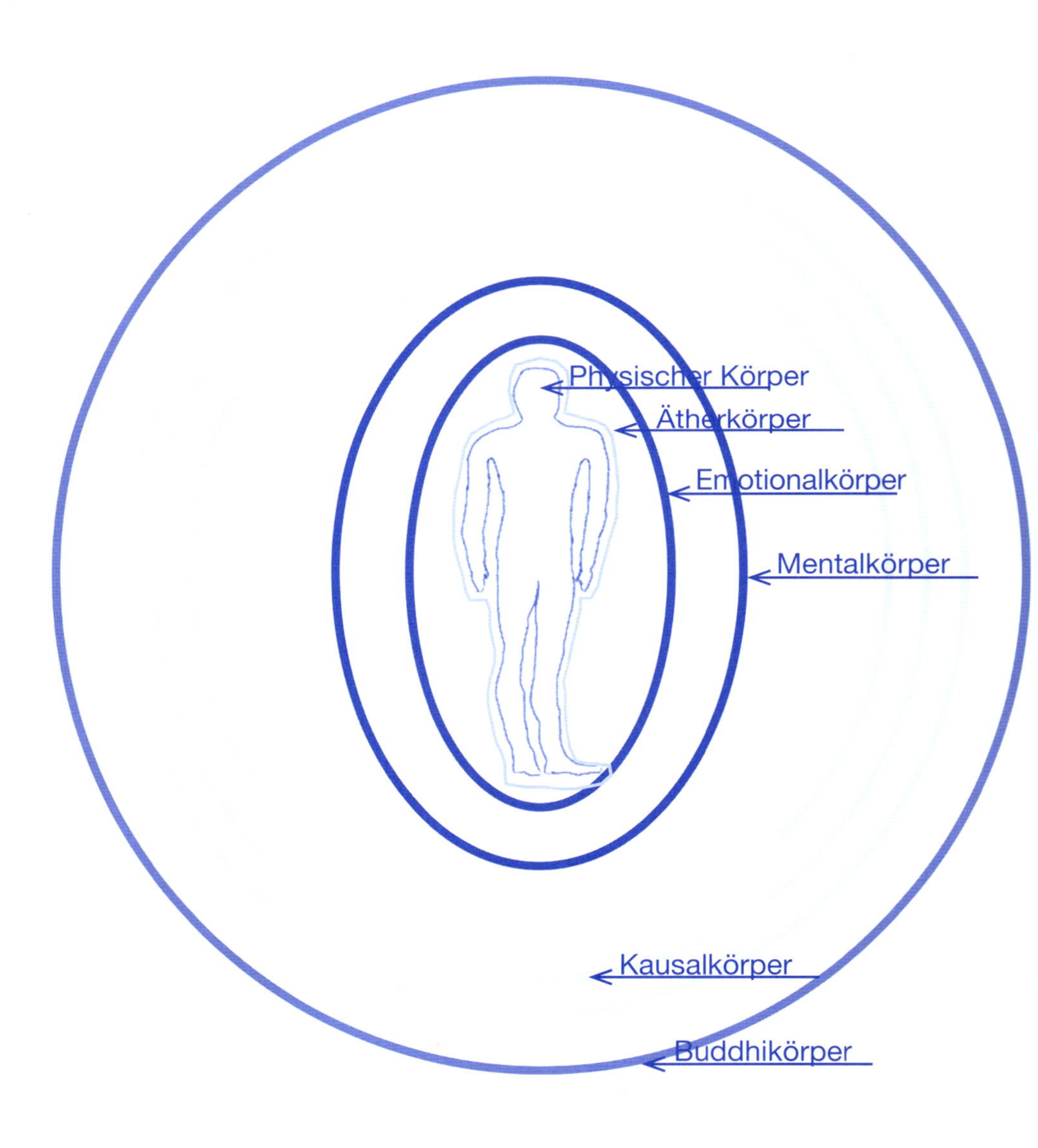

Die Energiekörper sind dafür da, kosmische Energien aufzunehmen und im Energiesystem des Menschen zu halten. Gleichzeitig stellen sie eine Verbindung her zwischen dem physischen Körper und dem Hohen Selbst des Menschen und der geistigen Ebene.

Ätherkörper

Der Ätherkörper bildet eine Schutzhülle um den physischen Körper, sodass die Energien, die auf den Menschen einströmen, nicht schutzlos auf ihn prallen. Außerdem hält er die Energie des physischen Körpers weitgehend konstant.

Emotionalkörper

Der Emotionalkörper ist der Speicher für alle jemals gefühlten Emotionen. Er speichert sie so lange, bis wir sie nicht mehr benötigen und damit beginnen, sie loszulassen. Das, was wir daraus gelernt haben, wurde auf Seelenebene integriert.

Mentalkörper

Der Mentalkörper ist der Speicher für alle gedanklich durchlaufenen Prozesse. Er speichert sie so lange, bis wir damit beginnen, sie loszulassen. Das, was wir daraus gelernt haben, wurde auf Seelenebene integriert.

Kausalkörper

Die erste Stufe des Kausalkörpers stellt die Verbindung her zwischen dem Menschen und höher schwingenden Wesenheiten bzw. Anteilen des Hohen

Selbstes. Je höher die Kausalkörper schwingen, desto einfacher ist es, Kontakt mit dem Hohen Selbst, Engeln und Meistern herzustellen. Die drei Stufen der Kausalkörper werden nach außen immer feinstofflicher und verbinden den Menschen Stück für Stück mit der geistigen Ebene.

Buddhikörper

Ist der Buddhikörper voll aktiviert und in seiner optimalen Schwingung, dann stellt er die Verbindung her zwischen dem Menschen und dem Eins-Sein mit seinem Hohen Selbst und dem göttlichen Bewusstsein.

Alle Energiekörper und Chakren unterstützen und durchfluten sich gegenseitig. Durch das Resonanzprinzip breiten sich die überwiegenden Schwingungen im Menschen aus. Ist die Schwingung im positiven Bereich, wird diese weitergegeben und „klingt" durch den gesamten Menschen. Sind die Energiekörper eingeengt oder unterversorgt, ist es auch für die Chakren unmöglich, in Perfektion zu schwingen. Sind die Energiekörper in ihrer optimalen Schwingung, ist es für die Chakren leicht, in Perfektion zu kommen. Alle Körper und Energiezentren, alle Organe und Zellen, sind aufs Engste miteinander verbunden.
In der nun folgenden Meditation wollen wir die Energiekörper reinigen, regenerieren und ausdehnen. Ich habe hier keine Pausen dazugeschrieben, bitte mach die Pausen so, wie es für dich stimmig ist. Die Meditation darf insgesamt gerne 30 Minuten und mehr dauern.

Meditation:

Bitte suche dir einen ruhigen, geschützten Ort und mache es dir dort gemütlich.

Konzentriere dich auf deinen Atem, und atme tief ein und aus.

Atme Ruhe ein und Anspannung aus ...

Atme Ruhe ein und Anspannung aus ...

Atme Ruhe ein und Anspannung aus ...

Ich bitte Erzengel Michael um einen geschützten Raum.

Licht und Liebe durchfluten mich ...

Licht und Liebe durchfluten mich ...

Licht und Liebe durchfluten mich ...

Ich bitte darum, dass nun alle meine Energiekörper voll und ganz gereinigt werden.

Ich bitte die Violette Flamme durch mich zu lodern ...

Reinigende Energien fließen durch alle meine Körper und lösen nach und nach alles auf, was das optimale Wirken behindert.

Reinigende Energien durchfluten mich ...

Reinigende Energien durchfluten mich ...

Reinigende Energien durchfluten mich ...

Meine Energiekörper sind nun gereinigt und ich bitte nun um alle Energien, die nötig sind, um die Energiekörper zu regenerieren und zu stärken.

Ich bitte die Engel, mich mit speziellen Energien zu fluten, die meine Energiekörper mit allem versorgen, was sie jetzt brauchen.

Alle Energiekörper regenerieren sich ...

Alle Energiekörper werden gestärkt ...

Alle Energiekörper sind nun bereit, sich auf die optimale Größe auszudehnen ....

Ich bitte nun darum, dass sich meine Energiekörper auf das optimale Niveau ausdehnen!

Liebevolle Energien durchfluten mich, und ich spüre, wie ich mich ausdehne ...

Ich dehne mich weiter und weiter aus ...

Ich spüre die Weite, ich spüre meine wahre Größe ...

Mein Sein ist nun durch nichts mehr beschränkt.
Licht und Liebe durchfluten mich ...

Licht und Liebe durchfluten mich ...

Licht und Liebe durchfluten mich ...

Jetzt wird es Zeit, langsam aus dieser Meditation zurückzukehren ...

Ich bedanke mich bei den Engeln für ihre Hilfe!

Konzentriere dich nun auf deinen Atem, und atme bewusst tief ein und aus ...

Atme tief ein und aus ...

Atme tief ein und aus ...

Du kommst voll und ganz hierher zurück ...

Du kommst voll und ganz hierher zurück ...

Bewege deine Finger und Zehen und kehre vollkommen zurück ins Hier und Jetzt ....

Bleib noch eine Weile in der Ruhe, bis du bereit bist, aufzustehen.

Diese Meditation darf beliebig oft wiederholt werden, denn oftmals ist es so, dass im Alltag die Energiekörper neuen Belastungen ausgesetzt werden, und da kann es nichts schaden, wenn sie ab und an gereinigt und regeneriert werden.

Reinigung und Energetisierung der Chakren

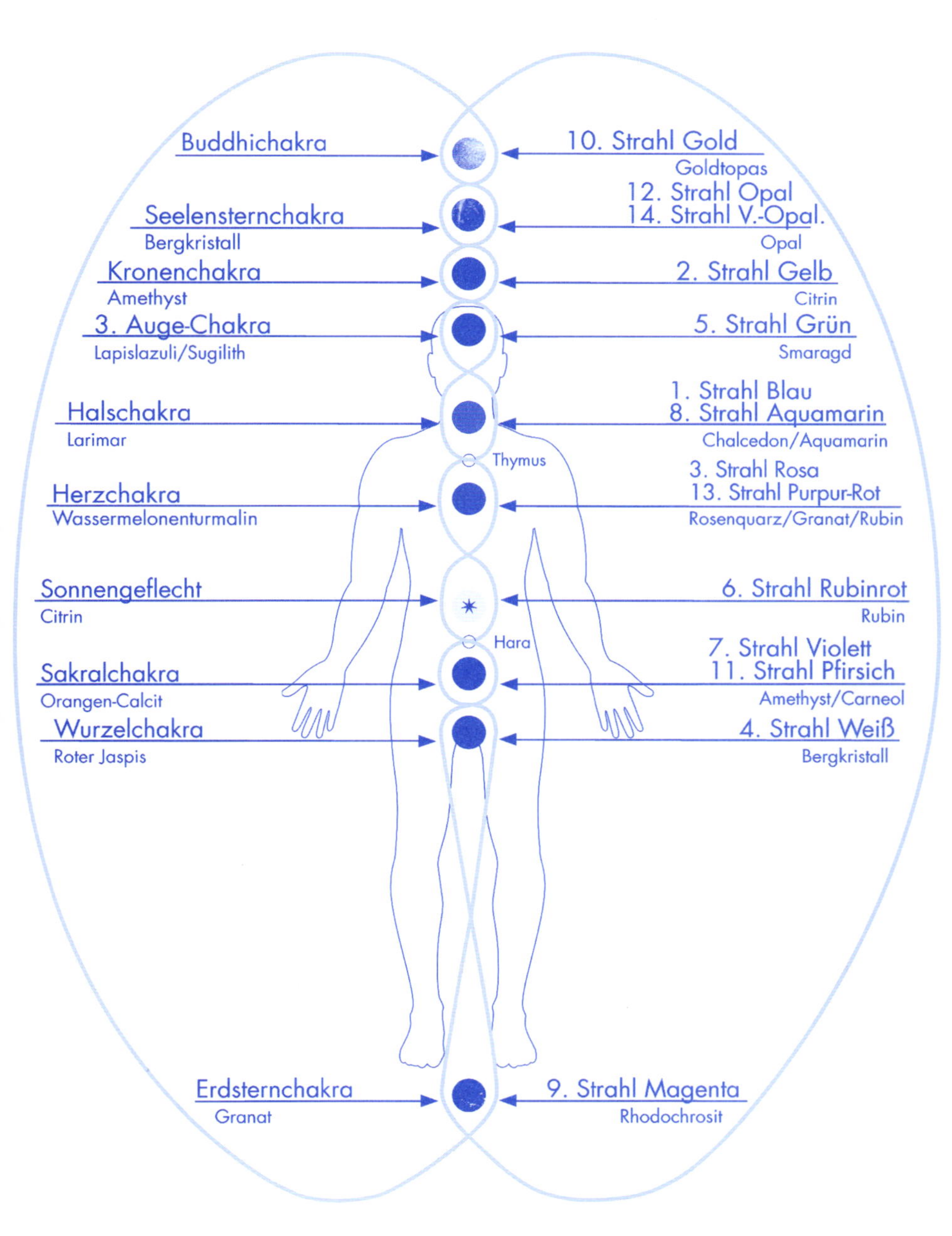

Die Chakren sind die Energiezentren des menschlichen Körpers. Wenn sie alle frei sind und miteinander verbunden, dann wird dein Körper optimal mit Energie versorgt.
Leider ist das meist nicht der Fall, wegen der vielen Blockaden, die wir in den Kapiteln zuvor bearbeitet haben.

Das Bild zeigt die Hauptchakren mit den dazugehörigen Edelsteinen. Es zeigt außerdem die Göttlichen Strahlen, die darauf wirken und die Edelsteine, die den Strahlen zugeordnet sind.
Die jeweiligen Steine eignen sich also besonders, um sie auf die dazugehörigen Chakren zu legen. Wenn ihr also spürt, dass ihr mit einem der Chakren Probleme habt, so helfen euch die Edelsteine gerne mit ihren Energien!

Sind die Chakren optimal miteinander verbunden, dann entsteht der dargestellte Energiefluss um die Chakren und um den Menschen.

Nun, da du sehr viele Blockaden überwunden hast, ist es an der Zeit, deine Chakren zu befreien, zu energetisieren und so zu verbinden, dass die Energie optimal fließen kann. Dazu folgt nun eine Meditation, bei der ich dich zu den einzelnen Chakren führe, dort werden sie gereinigt und mit der passenden Energie der Göttlichen Strahlen aufgeladen. Wir bitten dann jeweils die LenkerInnen der Strahlen, die Energien auf die Chakren fließen zu lassen.

Wenn du die Meditation mit dir alleine nicht durchführen kannst, dann frage, ob sie dir jemand vorliest, oder du machst sie in einer Gruppe.
Ich habe hier keine Pausen dazugeschrieben, bitte mache die Pausen so, wie es für dich stimmig ist. Die Meditation darf insgesamt gerne 30 Minuten und mehr dauern.

Hier kann ich eine CD mit dem passenden Thema empfehlen: ***Chakra-Meditation mit den Göttlichen Strahlen***, erschienen im Verlag ***Das Goldene Tor.***

Meditation:

Bitte suche dir einen ruhigen, geschützten Ort und mache es dir dort gemütlich.

Konzentriere dich auf deinen Atem, und atme tief ein und aus.

Atme Ruhe ein und Anspannung aus ...

Atme Ruhe ein und Anspannung aus ...

Atme Ruhe ein und Anspannung aus ...

Ich bitte Erzengel Michael um einen geschützten Raum.

Licht und Liebe durchfluten mich ...

Licht und Liebe durchfluten mich ...

Licht und Liebe durchfluten mich ....

Ich bitte darum, dass alle vorhandenen Blockaden aus meinen Chakren entfernt werden.

Licht und Liebe durchfluten mich ...

Ich beginne mit dem Erdsternchakra, es befindet sich unterhalb meiner Füße und verbindet mich mit dem Herzen von Mutter Erde.

Ich bitte darum, dass dieses Chakra jetzt aktiviert und energetisiert wird.

Ich bitte Meister Jesus Sananda den Magentafarbenen Strahl in dieses Chakra zu leiten und ihm alle Energien zufließen zu lassen, die es jetzt braucht.
(3 Minuten Konzentration auf die Farbe Magenta)

Ich gehe nun weiter zum dunkelroten Wurzelchakra, das dafür verantwortlich ist, dass ich geerdet bin.

Ich bitte Meister Serapis Bey den Weißen Strahl in dieses Chakra zu leiten und ihm alle Energien zufließen zu lassen, die es jetzt braucht.
(3 Minuten Konzentration auf die Farbe Weiß)

Weiter geht es nun zum orangefarbenen Sakralchakra, das für die Lebensfreude und die Leidenschaft bzw. Begeisterungsfähigkeit verantwortlich ist.

Ich bitte Meister St. Germain den Violetten Strahl in dieses Chakra zu leiten und ihm alle Energien zufließen zu lassen, die es jetzt braucht.
(3 Minuten Konzentration auf die Farbe Violett)

Das Sonnengeflecht hat die Farbe gelb und liegt oberhalb des Nabels. Innere Ruhe, Gelassenheit und Urvertrauen sind seine Energien.

Ich bitte Lady Nada den Rubinroten Strahl in dieses Chakra zu leiten und ihm alle Energien zufließen zu lassen, die es jetzt braucht.
(3 Minuten Konzentration auf die Farbe Rubinrot)

Das Herzchakra hat die Farbe grün. Seine Energien stehen für Liebe, Selbstliebe, Annahme und Hingabe.

Ich bitte Lady Rowena den Rosafarbenen Strahl in dieses Chakra zu leiten und ihm alle Energien zufließen zu lassen, die es jetzt braucht.
(3 Minuten Konzentration auf die Farbe Rosa)

Das Halschakra hat die Farbe blau. Seine Energien stehen für Macht, Kraft, Stärke, Selbstvertrauen und die Verantwortung für sich selbst zu übernehmen.

Ich bitte Meister El Morya den Himmelblauen Strahl in dieses Chakra zu leiten und ihm alle Energien zufließen zu lassen, die es jetzt braucht.

(3 Minuten Konzentration auf die Farbe Himmelblau)

Das 3. Auge Chakra befindet sich auf meiner Stirn und hat die Farbe Indigo. Seine Energien stehen für die spirituellen Fähigkeiten, wie Hellsehen, Hellfühlen, Telepathie usw.

Ich bitte Meister Hilarion den Grünen Strahl in dieses Chakra zu leiten und ihm alle Energien zufließen zu lassen, die es jetzt braucht.
(3 Minuten Konzentration auf die Farbe Grün)

Das Kronenchakra ist direkt über meinem Kopf und hat die Farbe Violett. Dieses Chakra verbindet mich mit dem Wissen und der Weisheit meines Hohen Selbstes.

Ich bitte Meister Konfuzius den Gelben Strahl in dieses Chakra zu leiten und ihm alle Energien zufließen zu lassen, die es jetzt braucht.
(3 Minuten Konzentration auf die Farbe Gelb)

Das Seelensternchakra befindet sich ca. 1/2 Meter über meinem Kopf. Es repräsentiert die Verbindung zur Gnade Gottes.

Ich bitte Meister Sanat Kumara den Opalfarbenen Strahl in dieses Chakra zu leiten und ihm alle Energien zufließen zu lassen, die es jetzt braucht.
(3 Minuten Konzentration auf die Farbe Blau-Weiß Opalisierend)

Das Buddhi-Chakra ist das Chakra, das mich mit meinem Christus-Bewusstsein und damit mit der Fülle meines wahren Seins verbindet.

Ich bitte Meister Kuthumi den Goldenen Strahl in dieses Chakra zu leiten und ihm alle Energien zufließen zu lassen, die es jetzt braucht.
(3 Minuten Konzentration auf Gold)

Jetzt sind alle meine Chakren optimal energetisiert. Ich bitte nun darum, dass sie miteinander verbunden werden, so wie es für mein höchstes göttliches Wohl optimal ist.

Meine Chakren verbinden sich miteinander, und die Energien bilden eine Spirale, die meinen gesamten Körper durchdringt.

Die Energie pulsiert wohltuend durch diese Spirale und somit durch meinen ganzen Körper.

(Konzentration auf die Energie und die Spirale)

Jetzt bildet sich ein großer Energiekreislauf, der mich mit Mutter Erde und Vater Sonne verbindet.

Alle Energien fließen nun auf optimale Weise durch meine Körper und mein Energiesystem.
Die Energien durchfluten mich ...

Die Energien durchfluten mich ...

Die Energien durchfluten mich ...

Jetzt wird es Zeit, langsam aus dieser Meditation zurückzukehren ...

Ich bedanke mich bei den Lenkern und Lenkerinnen der Göttlichen Strahlen.

Konzentriere dich auf deinen Atem, und atme bewusst tief ein und aus ...

Atme tief ein und aus ...

Atme tief ein und aus ...

Ich komme voll und ganz hierher zurück ...

Ich komme voll und ganz hierher zurück ...

Ich bewege meine Finger und Zehen und kehre vollkommen zurück ins Hier und Jetzt ...

Bleibt noch eine Weile in der Ruhe, bis du bereit bist aufzustehen.

Diese diese Meditation darf beliebig oft wiederholt werden, denn oftmals ist es so, dass im Alltag die Chakren neuen Belastungen ausgesetzt werden und da kann es nichts schaden, wenn man ihrer optimalen Wirkung ab und an Beachtung schenkt.

Wie geht es nun weiter?

Mit diesem Buch habe ich dir ein mächtiges Werkzeug in die Hand gegeben, um deine Blockaden und Themen selbst aufzulösen.
Trotzdem ist es nur sehr schwer möglich, mit einem Buch alleine, alle seine Themen zu bearbeiten, dafür gibt es einfach zu viele individuelle Probleme und Blockaden, die in Ursachenketten verstrickt sind, die man mit einem Buch nicht auflösen und nicht erkennen kann.

Bitte denke hier nochmal daran, dass wir wie eine Zwiebel aufgebaut sind! Unter jeder Schicht, die wir entfernen bzw. erlösen liegt eine neue Schicht, bis wir irgendwann am Kern angelangt sind. Wie viele Schichten das bei einem Menschen sind, weiß nur Gott alleine. Manchmal steckt man in einer Schicht fest und kommt nicht alleine weiter.

Dafür gibt es ja auch Heiler und Heilerinnen, die man aufsuchen kann, um seine ganz individuellen Probleme zu lösen. Ich kann dir hier keine Empfehlungen geben, wer oder welche Methode dir über dieses Buch hinaus weiterhilft. Wenn du auf der Suche nach einem Heiler bist, dann fühle dich mit deinem Herzen hinein, wenn es sich gut anfühlt, dann passt er jetzt zu dir.

Viele Menschen haben außerdem Schwierigkeiten oder sind sich unsicher, solche Auflösungsarbeiten mit einem Buch und mit sich selbst alleine durchzuführen. Gerade am Anfang des spirituellen Weges ist das auch sicher ungewohnt. Ich empfehle, diese Auflösungsarbeiten in Gruppen durchzuführen, denn wo mehrere Menschen zusammenkommen, um Energiearbeit zu machen, ist die Energie gleich um ein Vielfaches höher und erreicht ein Niveau, das man nur mit sehr viel Geduld alleine erreichen kann.

Ich biete sowohl Einzelsitzungen, wie auch Gruppen-Workshops an. Die Termine und alle weiteren Informationen darüber findest du auf der Homepage des Verlages unter www.das-goldene-tor.de

Auch hier fordere ich dich auf, mit deinem Herzen zu prüfen, ob das Angebot für dich stimmig ist. Verbinde dein Herz mit dem Angebot, für das du dich interessierst und fühle dann tief in dein Herz. Wird es warm und weich, passt es zu dir, wird es eng und kalt, dann eher nicht.

Nun sind wir wirklich am Ende angelangt.

Ich wünsche dir alles Gute und Liebe auf deinem Lebensweg!

Lichtvolle Grüße
Stefan Sicurella

Gaja spricht - Band I
Die Welt im Wandel

Stefan Sicurella

Gaja ist das Bewusstsein unserer lieben Mutter Erde. Sie gibt uns eine Einführung in die Entstehungsgeschichte unseres Planeten und über den Sinn und Zweck unseres Daseins. Sie erklärt, wie wir dahin gekommen sind, wo wir jetzt sind und zeigt uns Wege, die uns zurück zu mehr Gemeinschaft, Miteinander, Akzeptanz und Toleranz führen. Die Ausblicke, die wir dabei für die Zukunft dieses Planeten erhalten, sind mehr als erstrebenswert. Gaja liebt uns Menschen. Wenn wir uns auf ihre Liebe einlassen und alles Lebendige lieben lernen, dann ist der Weg frei in das neue, Goldene Zeitalter. Mit klaren, liebevollen Worten, die für jeden leicht verständlich sind, zeigt Gaja uns einen Weg auf, wie wir wieder das werden können, was unsere wahre Bestimmung ist: freie, lebensfrohe und alles liebende göttliche Menschen.

TB • Kartoniert • 112 Seiten • ISBN: 978-3-940930-46-0

100 Fragen an das Universum

... und die überraschenden Antworten

Rosemarie Gehring und
Stefan Sicurella

Was du schon immer von Gott wissen wolltest, hier findest du liebevolle, lebensnahe Antworten.
„Was würdest du gerne wissen, wenn du einem Engel oder Gott eine Frage stellen könntest?“
Diese Frage haben die beiden Autoren ihren Freunden und Kindern, Familien und Bekannten gestellt. Es wurden mehr als hundert Fragen aus allen Bereichen des Lebens und Erlebens zusammengetragen.
Persönliche Fragen zu Lebenssituationen wurden genauso liebevoll berücksichtigt und beantwortet, wie allgemeine Fragen zu Gesundheit, Politik, Klima und Weltlage. Die Fragen spiegeln die Themen der Zeit wider und die liebevollen Antworten haben, bei aller Individualität, eine zeitlose Gültigkeit.

Format A5 • 154 Seiten • 12 farbige Abbildungen
ISBN: 978-3-940930-22-4

Lucias wunderbare Seelenreise

... und immer wieder grüßt das Leben ...

Horst Leuwer und Sabine Kathriner

„Warum ist mein Leben so?“
Stellst du dir auch manchmal diese Frage? Erlebe, was der Seele von Lucia widerfährt, als Lucia plötzlich stirbt und nach Antworten sucht.
„Warum war mein Leben so?“
Antworten, auch zu deinem aktuellen Leben, kann dir dieses Buch geben.
Lucias wunderbare Seelenreise löst also nicht nur Angst vor dem was kommt, nein, Lucia lässt dich wieder Freude am Leben entdecken, Lust neue Erfahrungen zu machen und deine eigene Reise neu zu erleben…
Lucias wunderbare Seelenreise ist eine wahrhaftige Fantasiegeschichte, rührend, berührend, abenteuerlich und auch durchaus amüsant. Ein liebevoll bebilderter Seelenbalsam für alle Menschen.

Hardcover • Format 21 cm x 21 cm • 64 Seiten • durchgängig farbig • ISBN: 978-3-940930-65-1

Zurück zum EinsSein

Geschenk und Aufgabe der Zwillingsseele

Horst Leuwer

Die Suche und Sehnsucht nach dem EinsSein, der Verschmelzung in Licht und Liebe, ist unser Ur-Wesensinstinkt und die Überwindung der gefühlten Trennung von der Einheit die Entwicklungsaufgabe unseres Erdendaseins.
Auf dem Weg zurück zum EinsSein lösen wir individuelle Lebensaufgaben und erkennen und stoßen immer wieder auf Hindernisse und Blockaden. Gerade dann, wenn wir auf dem Weg nicht weiterwissen oder unwissentlich auf einen Um- oder Irrweg geraten, treten besondere Menschen in unser Leben: Zwillingsseele, Dualseele, Seelenpartner, Spiegelseele oder Seelenfamilie.
Die physische Begegnung mit einer dieser Seelen schenkt uns das Gefühl der bedingungslosen Liebe und des Eins-Seins, des GanzSeins. Im Licht und der Liebe durch die Begegnung mit der Zwillingsseele bleibt nichts im Dunkeln verborgen, und alles wird ans Licht gezerrt.
In diesem Buch sind viele Antworten auf deine Warum-Fragen. Hier findest du Hilfe, falls du an einer Erfahrung leidest, die man die Dual- oder Zwillingsseelenerfahrung nennt oder wenn du einfach nur wissen willst, warum das geschieht. Ein unentbehrliches Buch.
Format A5 • 180 Seiten • Kartoniert und gebunden
ISBN: 978-3-940930-86-6

Eine Woche nach dem Tod

Wie zufällige Bekanntschaften das Leben verändern

Eva Leuwer

Warum bin ich hier? Hat das Leben überhaupt einen Sinn? Warum haben andere es immer leicht, während bei mir einfach nichts zu klappen scheint? Warum stehe ich am Ende immer alleine da? Was wird passieren, wenn ich jetzt aufgebe? Was kommt nach dem Tod?

Philipp ist verzweifelt. Er sieht keinen Sinn mehr in seinem Dasein und ist fest dazu entschlossen, seinem Leben ein Ende zu setzen.
In letzter Sekunde entscheidet er sich anders.
In den folgenden sieben Tagen ändert sich für ihn alles.
Nach seiner bewussten Entscheidung für das Leben erhält er nun durch verschiedene Begegnungen und Gespräche, die Antworten auf all jene Fragen, die er sich sein Leben lang gestellt hatte.
Dieses Buch gibt, verpackt in einem Roman, Antworten auf die Fragen, die das Leben aufwirft. Wo komme ich her, warum bin ich hier, habe ich die freie Wahl?
Es fordert den Leser auf, sich auf die Suche nach sich selbst zu begeben.

TB • 140 Seiten • Kartoniert und gebunden
ISBN: 978-3-940930-84-2

Sinn des Lebens

Ver-rückte Geschichten zum Nach-denken

Inge Rosar

Was wäre wenn …
… Ihr Navi Gedanken lesen könnte?

… Sie fühlen könnten, was Ihre Rosen denken?

… Sie unsere Welt und unser Tun mit den Augen eines anderen sehen könnten?

… eingefahrene Denkbahnen und Muster mal auf den Kopf gestellt, also ver-rückt werden?

Wenn wir uns auf neue Möglichkeiten einlassen und darüber nach-denken, gewinnen wir mehr Leichtigkeit, Freude und Wertschätzung im und für das Leben, vielleicht sogar einen „neuen" Sinn des Lebens …
Dazu möchten dieses Buch und seine Geschichten Sie herzlich einladen.

TB gebunden• 264 Seiten • ISBN: 978-3-940930-90-3

Meditationen zur Energietrennung

Energieausgleich, Reinigung des eigenen Energiefeldes und Befreiung von Fremdenergien

Horst Leuwer

Diese CD führt dich durch vier verschiedene Meditationen und gibt dir darin Instrumente, bzw. Werkzeuge, mit denen du Klärung und Reinigung bewirkst. Du kannst energetische Verbindungen lösen, Energietrennungen vollziehen, Energien ausgleichen, sowie Energieräuber auf Abstand halten.
Dabei kannst du jedes Werkzeug für dich testen, je nach Grund oder Einsatz kann ein anderes Instrument wirksamer sein. Jede dieser Meditationen und Übungen wurde vielfach erfolgreich eingesetzt, auch du wirst davon profitieren.
Titel auf dieser CD:
1. Informationen zu unseren energetischen Verbindungen
2. Meditation: Reinigung des eigenen Energiefeldes
3. Meditation: Energietrennung mit Erzengel Michael
4. Übung mit der goldenen Acht zur Energietrennung und zum Energieausgleich
5. Übung mit der goldenen Acht zur Herstellung eines energetischen Abstandes

1 Audio CD - Gesamtspielzeit ca. 64 Minuten
ISBN: 978-3-940930-93-4